HISTOIRE

DE LA

RÉVOLUTION DE 1848.

LAMARTINE

Membre du Gouvernement provisoire , Ministre des Affaires étrangères.

HISTOIRE PROPHÉTIQUE

PHILOSOPHIQUE, COMPLÈTE ET POPULAIRE

DE LA

RÉVOLUTION DE FÉVRIER 1848

OU

DE LA LIBERTÉ RECONQUISE

PAR HENRI DUJARDIN.

PARIS

P.-J. CAMUS, LIBRAIRE-ÉDITEUR,

20, RUE CASSETTE.

1848

CHATEAUBRIAND PROPHÈTE.

« Le Gouvernement provisoire veut la République , sauf ratification par le peuple. » *Proclamation du Gouvernement provisoire, du 24 février.*

Le peuple, c'est-à-dire, l'universalité des citoyens français, a ratifié déjà, et ratifiera encore la volonté du Gouvernement provisoire ; car il n'est personne qui ne reconnaisse que le gouvernement républicain est *aujourd'hui* le seul possible. La logique des faits démontre à tous que l'abolition de la royauté et l'établissement de la république étaient inévitables. Dans l'*Oracle pour* 1840, j'ai cité Châteaubriand, qui avait annoncé à l'avance la révolution de 1830, en termes qu'on peut dire prophétiques ; ce grand écrivain a pareillement annoncé à l'avance, dans les fragments publiés de ses *Mémoires d'outre-tombe*, la révolution de 1848. Voici en quels en termes :

« Louis-Philippe a mûri d'un demi-siècle le fruit démocratique. La couche bourgeoise où s'est implanté le Philippisme, moins labourée par la Révolution que la couche militaire et la couche populaire, fournit encore quelque suc à la végétation du gouvernement du 7 août, mais *elle sera tôt ou tard épuisée.*

« Il y a des hommes religieux qui se revoltent à la seule supposition de la durée quelconque de l'ordre de choses actuel. — « Il est, disent-ils, des ré-»actions inévitables, des réactions morales, enseignantes, magistrales, ven-»geresses. Si le monarque qui nous initia à la liberté a payé dans ses qua-»lités le despotisme de Louis XIV et la corruption de Louis XV, peut-on »croire que la dette contractée par *Egalité* à l'échafaud du roi innocent, ne »sera pas acquittée ? *Egalité*, en perdant la vie, n'a rien expié : le pleur du »dernier moment ne rachète personne ; larmes de la peur qui ne mouillent »que la poitrine, et ne tombent pas sur la conscience. Quoi ! la race d'Orlé-»ans pourrait régner au droit des crimes et des vices de ses aïeux ? Où se-»rait donc la Providence ? Jamais plus effroyable tentation n'aurait ébran-»lé la vertu, accusé la justice éternelle, insulté l'existence de Dieu ! »

« J'ai entendu faire ces raisonnements ; mais faut-il en conclure que le sceptre du 9 août va tout-à-l'heure se briser ? En s'élevant dans l'ordre universel, le règne de Louis-Philippe n'est qu'une apparente anomalie, qu'une infraction non réelle aux lois de la morale et de l'équité. Elles sont violées, ces lois, dans un sens borné et relatif ; elles sont suivies dans un sens illimité et général. D'une énormité consentie de Dieu je tirerais une conséquence plus haute, j'en déduirais la preuve *chrétienne de l'abolition de la royauté en France* ; c'est cette abolition même, et non un châtiment individuel, qui serait l'expiation de la mort de Louis XVI. Nul ne serait admis après ce juste, à ceindre solidement le diadème. Napoléon l'a vu tomber de son front, malgré ses victoires ; Charles X, malgré sa piété ! *Pour achever d'discréditer la couronne aux yeux des peuples, il aurait été permis au fils du régicide de se coucher un moment en faux roi dans le lit sanglant du martyr.* »

HISTOIRE PROPHÉTIQUE

PHILOSOPHIQUE, COMPLÈTE ET POPULAIRE

DE

LA RÉVOLUTION DE FÉVRIER 1848.

———◆◦◆———

I

PROPHÉTIES ET CHANSONS.

—

Je connais quelqu'un qui, après avoir un peu réfléchi sur le gouvernement établi en 1830, écrivait que ce gouvernement n'existerait pas longtemps.

A chacun des attentats commis contre les jours de Louis-Philippe, il entendait beaucoup de gens exprimer leur satisfaction de ce que le roi n'avait pas été atteint ; il disait que le roi des Français ne mourrait pas de ce genre de mort.

Et quand il voyait que Louis-Philippe remerciait la Providence de l'avoir préservé, il disait : Oui ; mais la Providence lui réserve quelque autre chose.

Au mois de mars 1840, je publiai la seconde édition d'un livre dont la première avait paru l'année précédente. Ce livre est intitulé : *L'Oracle pour 1840 et les années suivantes*. Il renferme des prophéties, les unes anciennes, les autres modernes, toutes fort curieuses (1). Il y en a une qui a été copiée dans un livre imprimé à Luxembourg en 1544 ; on ne la cite pas sous le titre qu'elle a dans ce livre, mais sous celui de *Prophétie d'Orval*, qui lui fut donné,

(1) Je n'attachais pas, cependant, un grand prix à toutes ces prophéties. Seulement, je voulais en constater publiquement l'existence et leur donner une date authentique, incontestable. Proprement, je les soumettais à une épreuve.

parce que ce fut sur un exemplaire qui appartenait à l'abbaye d'Orval qu'on en tira des copies, lorsque, au temps de la première République, les Français faisaient le siége de Luxembourg. Cette même prophétie fut copiée en 1823 sur l'imprimé même ; et comme cette copie était plus exacte que celles que je connaissais, je la publiai le 16 janvier 1840, en une brochure de neuf pages , et c'est elle qui fait partie de la deuxième édition de l'*Oracle* (1).

Or, dans cette fameuse *Prophétie d'Orval*, on lit le passage suivant, qui est le sommaire exact de notre histoire depuis la révolution de juillet 1830 jusqu'à celle de février 1848 :

« 21... Et le pauvre vieux sang de la Cap quitte la grande Ville
» et moult gaudissent les fils de Brutus :

» 22. Oyez comme les servants Dieu crient tout fort à Dieu , et
» que Dieu est sourd par le bruit de ses flèches qu'il retrempe en
» son ire pour les mettre au sein des mauvais.

» 23. Malheur au céleste Gaulois ! le Coq effacera la fleur blanche
» et un grand s'appelle le roi du peuple. Grande commotion se
» fera sentir chez les gens, parce que la couronne sera posée par
» mains d'ouvriers qui ont guerroyé dans la grande Ville.

» 24. Dieu seul est grand ; le règne des mauvais sera vu croître,
» mais qu'ils se hâtent, voilà que les pensées du céleste Gaulois
» se choquent et que grande division est dans l'entendement.

» 25. Le roi du peuple vu en abord moult faible et pourtant,
» contre ira bien des mauvais ; mais il n'était pas bien assis et
» voilà que Dieu le jette bas.

» 26. Etc. »

J'ai vu quelqu'un qui, possesseur de la prophétie, avait, dès 1831, d'après les indications chronologiques qui y sont exprimées, calculé que Louis-Philippe serait *jeté bas* entre le 23 février et le 5 mars 1848.

_____

(1) Cette édition, y compris la préface et le supplément, a 262 pages. Il n'en existe plus dans le commerce. On en demande journellement à mon éditeur ; mais nous avons, lui et moi, quelques raisons pour ne pas remettre en ce moment ce livre en vente. Quant à la *Prophétie d'Orval*, qui est une des pièces les plus intéressantes du recueil, j'autorisai M. Eugène Bareste, actuellement rédacteur en chef du journal *la République*, à l'insérer dans son curieux ouvrage sur *Nostradamus et ses prophéties* (in-8° et in-12. Paris, Maillet, 1840), qui se trouve chez Vezy, rue du Petit-Bourbon-Saint-Sulpice, 18. La *Prophétie d'Orval* commence à la page 218 de cet ouvrage, qui en a près de 550.

La prophétie annonce ensuite l'établissement de la République ; elle annonce, pour un laps de temps dont je n'ai pas cherché à préciser la durée, les événements qui doivent s'accomplir sous le régime républicain : si on s'en rapporte à la prophétie, ces événements seront bien funestes ; mais si on s'en tient à l'état actuel des esprits (tel qu'on dit qu'il est dans ces premiers jours), on peut espérer, au contraire, toutes les sortes de bonheurs que la révolution de juillet avait promis et n'a pas donnés, et bien d'autres encore (1).

Mais il ne s'agit pas ici des faits que l'avenir tient dans ses secrets ; il est uniquement question de ceux qui appartiennent au passé.

Vous direz peut-être, ami lecteur, que vous ne croyez pas aux prophéties. Vous ne seriez pas le premier qui le diriez ; mais vous n'y auriez pas plus réfléchi que les autres. Vous croyez aux faits comme tout le monde. Eh bien ! une prophétie (j'entends une prophétie vraie), c'est la révélation d'une suite de faits qui s'accompliront inévitablement (à moins qu'elle ne soit comminatoire ou conditionnelle). Or, une révélation est un fait, et il y a 304 ans au moins que ce fait existe pour la prophétie dont je viens d'extraire quelques lignes. Mais n'allons pas si loin, et ne considérons qu'un événement, la chute de Louis-Philippe. Il est certain que personne ne craignait ou n'espérait cet événement ; il s'est accompli subitement, indépendamment de la volonté humaine, malgré la sécurité des uns et au-delà des manifestations des autres. Cependant, la révélation de ce même événement, je l'avais renouvelée par la voie de la presse, huit ans un mois et huit ou neuf jours avant qu'il ne s'accomplît d'une manière si inattendue et si inespérée. Voilà un fait de notoriété publique, facile à vérifier ; le contester serait folie.

Ah ! vous ne croyez pas aux documents historiques qu'on appelle prophéties ; eh bien ! voici une chanson.

Un mot d'avertissement, pour vous mettre au courant.

Le 28 avril 1847, un pauvre garçon, nommé Rouget, chantait et vendait dans le passage de l'Ancre, à Paris, la chanson que je

(1) *L'Oracle pour* 1840, etc., parmi les prophéties qu'il renferme, en présente une qui remonte au XIIIe siècle ; elle a pour auteur le frère Hermann, moine de Cîteaux ; elle a été imprimée par Lilienthal dans sa *Prusse Savante* en 1722, et elle annonce entre autres événements accomplis, que le roi actuel de Prusse est le dernier de sa race.

vous annonce il la vendait manuscrite, et c'était pour avoir du pain. Il fut arrêté le lendemain; il comparut devant la cour d'assises le 10 août suivant, et fut condamné. Si vous voulez de plus longs détails, vous les trouverez dans le journal *le Droit* du 11 août 1847, dont le rédacteur eut le bon esprit de faire imprimer la chanson dont il s'agit, et qui est intitulée : *Les Rois mécanissiens.* Je la reproduis textuellement.

1ᵉʳ COUPLET.

Les rois sont des mecanissiens
Très fort sur la filature,
Et pour filler, je vous assure
Qu'il connaisse tous les moyens.
Charles dix ettait un Bourbons ;
Sa quenouigne ettait trop petite,
On lui brisa de sur le front.
Il filla pour un autre jite,
Comme fera Louis-Filipe.
Louis-Filipe, fille, fille, vite,
Car tu fille un vilain coton.   *Bis.*

2ᵉ COUPLET.

Il fit filler en étranger,
Ses trésorts et seux de la France.
On voie qu'il nous vole davance
Le tracquas de déménager ;
Mais si lord et l'argent sans vont,
De crainde qu'un autre l'émite,
Il lui servira de cotion.
Il ne pourra faire faïte
Comme Charles dix.
Louis-Filipe, fille, fille, vite,
Car tu fille un vilain coton.   (*Bis.*)

3ᵉ COUPLET.

Il fait filler la libertée,
Con optien en trois jours de gloire,
Il fait filler notre victoire,
Il fait filler la royauté.
Perfide ingra, traite Bourbon,
Tu a trahis La fayette et La fite ;

Il faut être mouschard et fripon
Pour avoir se qu'il solisite
Se traite de Louis-Filipe.
Louis-Filipe, fille, fille, vite,
Car tu fille un vilain coton.   (*Bis.*)

4ᵉ COUPLET ET DERGNIER.

La république reviendra
Et paisera dans sa balanse
Tous les mots qu'il fit a la Frence
Et lafront qu'il lui prodigua ;
Il nous demendera pardon,
Pas de pardon pour lipocrite,
Que lon efface jusca sont nom,
Il resevra se qu'il mérite,
Se traite de Louis-Filipe,
Louis-Filipe, fille, fille, vite,
Ou sinon on fera filler du plomb.   (*Bis.*)

Je voudrais bien savoir si, maintenant que Louis-Philippe a *filé vite*, et que la République est revenue, le pauvre ouvrier Rouget est sorti de prison. La République, assurément, lui doit d'abord la liberté. Un autre Rouget, auteur, dit-on, de la *Marseillaise*, fut gratifié, sur la recommandation de Louis-Philippe lui-même, d'une pension de quinze cents francs ; on trouvera sans doute que le chanteur, qui est peut-être aussi l'auteur des *Rois mécanissiens*, mérite également une récompense nationale.

II

FAITS HISTORIQUES ANTÉRIEURS A LA RÉVOLUTION DE FÉVRIER.

Chacune des prédictions énoncées dans le passage que j'ai cité de la *Prophétie d'Orval* est vérifiée par les faits depuis juillet 1830. Je vais m'attacher seulement à la dernière, qui annonce la chute de Louis-Philippe.

On voyait à la Chambre des députés ce que j'appelle une conséquence nécessaire du système politique moderne, savoir : deux grands partis, l'un en possession du Pouvoir, et l'autre avide de le posséder à son tour. Il se trouvait que ce dernier était en minorité ; pour qu'il saisît le Pouvoir, unique et constant objet de son ambition et de ses efforts, il fallait qu'il parvînt à former la majorité. De là ce qu'on appelait la nécessité d'une réforme parlementaire. Depuis longtemps, quelques organes de ce parti demandaient chaque année l'exclusion des fonctionnaires ; c'était toujours en vain, parce que ce n'était pas assez, à ce qu'il paraît, dans les vues de la Providence. Il est certain, en effet, que si l'Opposition eût obtenu l'exclusion des fonctionnaires, elle serait devenue la majorité et aurait été appelée au pouvoir. Une fois au pouvoir, elle lui aurait donné une apparence de considération qu'il n'avait plus, et au règne de Louis-Philippe une durée que la Providence lui refusait.

Cependant, le jour où ce règne devait finir approchait, à l'insu des hommes du Pouvoir et de leurs adversaires. Les dernières élections générales avaient donné à ceux-là une orgueilleuse assurance, et montré aux autres l'urgence de réclamer la Réforme électorale avec plus de vigueur. La majorité ne fit, de la session de 1847, qu'une suite de lâchetés, de hontes et de souillures, qu'elle couronna par un cynique *satisfecit* ; à ce long scandale succédèrent des scandales nouveaux, plus terribles les uns que les autres.

L'Opposition poursuivait à la tribune, dans la presse, dans les banquets, sa propagande réformiste. Le banquet du Château-Rouge, à Paris, donna naissance à soixante autres banquets dans plusieurs départements. Toute la France y assistait par les journaux, et partout on voulait la Réforme. Les succès de l'Opposition, dans le principe, n'alarmèrent pas les hommes du pouvoir ; ces manifestations, souvent réitérées, ne leur paraissaient que ridicules ; ils dédaignaient les avertissements et se moquaient de ce qui, au fond, ressemblait à des menaces ou timides ou hardies. Si quelque chose venait les assombrir, alors ils se rassuraient en voyant la division dans le parti ennemi. Cependant les banquets, qui ne devaient être une guerre que contre les ministres, devinrent une injure pour la personne royale : car, dans les toasts, le nom du roi n'était pas prononcé, ou, s'il l'était quelquefois, aucune bouche ne le répétait. Aussi, à la fin, les maîtres du Pouvoir s'aperçurent du danger qui pouvait naître de ces réunions. *Il était trop tard* ; il n'était plus possible d'empêcher le mouvement réformiste. Ils espéraient bien l'arrêter. Par quel moyen? Il y en avait d'efficaces : par exemple, l'exclusion des gens en place de la députation, ou l'admission des capacités dans les colléges, ou l'abaissement du cens électoral. Au lieu d'offrir une de ces améliorations constitutionnelles, qui eût satisfait l'Opposition modérée et qui les eût maintenus au Pouvoir, ils n'imaginèrent rien de mieux qu'une vague promesse, qui encore ne devait être faite qu'à la dernière extrémité. *L'homme s'agite et Dieu le mène,* a dit, après Bossuet, avec vérité, l'un d'eux, Guizot.

La session de 1848 s'ouvrit. Les maîtres du Pouvoir, afin de se venger de l'injure et de la guerre dont ils avaient été l'objet, et en même temps d'éloigner la nécessité de faire une concession, crurent être fort habiles, dans le discours du trône, en accusant les membres de l'Opposition de *fomenter l'agitation* dans le pays et en les traitant d'hommes *passionnément ennemis ou aveugles.* On comprend quel effet produisirent ces paroles dans ceux auxquels elles étaient adressées.

L'Opposition, profondément indignée, voulut prendre sa revanche, et la Chambre fut témoin de plusieurs escarmouches. Mais ce n'était pas au Palais-Bourbon qu'elle pouvait marcher assez vite, et forcer les ministres à lui laisser au plus tôt leurs portefeuilles. Un banquet fut organisé par les électeurs du 12e arrondissement de Paris, pour le 19 janvier. M. Duchâtel, ministre de l'intérieur, ne voulut pas qu'il eût lieu. Il s'ensuivit divers incidents, dans lesquels les ministres, la majorité et la minorité de la Chambre, les électeurs et la garde nationale de Paris jouèrent leurs rôles. L'attitude respective des partis devenait chaque jour plus grave et plus menaçante. Le Pouvoir s'entourait de forces militaires, dit-on. Malgré ces précautions hostiles, l'Opposition annonça sa grande manifestation, qui devait être en effet d'autant plus grande qu'elle avait rencontré plus de résistance, pour le dimanche 20 février. Elle devait avoir lieu dans une propriété particulière, située à Chaillot, au bout des Champs-Élysées, et appartenant à M. le général Thiars, député. De nouveaux incidents obligèrent de la retarder de deux jours.

Une Commission avait été nommée pour organiser le banquet et prendre les précautions pacifiques qu'elle croirait convenables.

Le 21, cette Commission fit imprimer, dans les journaux de l'Opposition, le manifeste dont voici les termes :

« La Commission générale chargée d'organiser le banquet du

12ᵉ arrondissement, croit devoir rappeler que la manifestation fixée à mardi prochain, a pour objet l'exercice légal et pacifique d'un droit constitutionnel, le droit de réunion politique, sans lequel le gouvernement représentatif ne serait qu'une dérision.

» Le ministère ayant déclaré et soutenu à la tribune que la pratique de ce droit était soumise au bon plaisir de la police, les députés de l'Opposition, des pairs de France, d'anciens députés, des membres du Conseil-général, des magistrats, des officiers, sous-officiers et soldats de la garde nationale, des membres du Comité central des électeurs de l'Opposition, des rédacteurs des journaux de Paris, ont accepté l'invitation qui leur était faite de prendre part à la manifestation, afin de protester, en vertu de la loi, contre une prétention illégale et arbitraire.

» Comme il est naturel de prévoir que cette protestation publique peut attirer un concours considérable de citoyens ; comme on doit présumer aussi que les gardes nationaux de Paris, fidèles à leur devise de *Liberté, Ordre public*, voudront en cette circonstance accomplir ce double devoir, qu'ils voudront défendre la liberté en se joignant à la manifestation, protéger l'ordre et empêcher toute collision par leur présence ; que, dans la prévision d'une réunion nombreuse de gardes nationaux et de citoyens, il semble convenable de prendre des dispositions qui éloignent toute cause de trouble et de tumulte ;

» La Commission a pensé que la manifestation devait avoir lieu dans le quartier de la capitale où la largeur des rues et des places permît à la population de s'agglomérer sans qu'il en résulte d'encombrement.

» A cet effet, les députés, les pairs de France et les autres personnes invitées au banquet, s'assembleront mardi prochain, à onze heures, au lieu ordinaire des réunions de l'Opposition parlementaire, place de la Madeleine, nᵒ 2.

» Les souscripteurs du banquet qui font partie de la garde nationale sont priés de se réunir devant l'église de la Madeleine et de former deux haies parallèles entre lesquelles se placeront les invités. — Le cortége aura en tête les officiers supérieurs de la garde nationale qui se présenteront pour se joindre à la manifestation. — Immédiatement après les invités et les convives se placera un rang d'officiers de la garde nationale. — Derrière ceux-ci, les gardes nationaux formés en colonne suivant le numéro des légions. — Entre la troisième et la quatrième colonne, les jeunes gens des écoles, sous la conduite de commissaires désignés par eux. — Puis les autres gardes nationaux de Paris et de la banlieue dans l'ordre désigné plus haut.

» Le cortége partira à onze heures et demie et se dirigera par la place de la Concorde et les Champs-Elysées vers le lieu du banquet.

» La Commission, convaincue que cette manifestation sera d'autant plus efficace qu'elle sera plus calme, d'autant plus imposante qu'elle évitera même tout prétexte de conflit, invite les citoyens à ne pousser aucun cri, à ne porter ni drapeau ni signe extérieur ; elle invite les gardes nationaux qui prendront part à la manifestation à se présenter sans armes ; il s'agit ici d'une protestation légale et pacifique, qui doit être surtout puissante par le nombre et l'attitude ferme et tranquille des citoyens.

« La Commission espère que, dans cette occasion, tout homme présent se considérera comme un fonctionnaire chargé de faire respecter l'ordre ; elle se confie à la présence des gardes nationaux ; elle se confie aux sentiments de la population parisienne, qui veut la paix publique avec la liberté, et qui sait que, pour assurer le maintien de ses droits, elle n'a besoin que d'une démonstration paisible, comme il convient à une nation intelligente, éclairée, qui a la conscience de l'autorité irrésistible de sa force morale, et qui est assurée de faire prévaloir ses vœux légitimes par l'expression légale et calme de son opinion. »

Ce manifeste n'était pas signé. Il augmenta l'émotion qui régnait dans la cité.

On discutait à la Chambre des députés un projet de loi relatif à la prorogation du privilége de la banque de Bordeaux. La séance, ouverte à une heure, était déjà avancée, et M. Léon Faucher venait de prendre la parole, quand un grand nombre de membres entrèrent dans la salle au milieu d'une vive agitation. Sur une observation de M. Léon Faucher, la Chambre renvoya la discussion au lendemain, et M. Odilon Barrot demanda et obtint la parole. Il rappela ce qui s'était passé dans la Chambre relativement au droit « prétendu par l'Opposition, dénié par le ministère, de se réunir, à la condition de prévenir préalablement l'autorité et d'assister à cette réunion sans tumulte et sans armes, » et que le débat n'avait pas eu de solution.

Il dit que le gouvernement « ne laissant pas vider la question dans le sein du Parlement, se croyant armé de lois suffisantes, il pouvait invoquer, il se proposait probablement d'invoquer ces lois, de traduire devant les tribunaux les personnes qui, malgré l'interdiction de l'autorité, auraient passé outre; et de faire ainsi juger par les tribunaux la question de légalité. » Il ajouta : « Et, en effet, les choses se seraient passées ainsi. »

Il dit encore : « Il paraît (je n'ai pas vu les actes de l'autorité), il paraît qu'à des conseils de sagesse et de prudence ont succédé d'autres inspirations; que des actes de l'autorité s'interposent, sous prétexte d'un trouble qu'ils veulent apaiser et qu'ils s'exposent à faire naître... (rumeurs au centre) que des actes de l'autorité s'interposent; et je ne crains pas de dire qu'à la place de cette manifestation libre, ils tendent à établir des compressions d'autorité.

» Il ne m'appartient pas, quant à moi, d'examiner la portée et l'opportunité de cette mesure; je crains, je le répète, et je suis parfaitement sincère, je crains que ce que l'autorité fait en ce moment, dans un intérêt d'ordre, ne soit au contraire qu'une cause de trouble profond dans la société. Je crains que ce qui, au lendemain du jour de cette manifestation, eût, au contraire, rassuré les esprits par la constatation de la puissance de nos mœurs et de la solidité de l'ordre public dans notre société, laisse au fond de la société un germe indéfini de désordre et de perturbation. C'est là une crainte, elle est sincère, elle est profonde, et tout en l'exprimant, si ma parole pouvait avoir quelque autorité pour mon pays.... je dirai que, même dans la situation qu'on nous fait, le premier besoin, le premier devoir de tout homme, à quelque opinion qu'il appartienne, c'est d'employer tout ce qu'il peut avoir d'influence, d'autorité, pour prévenir les malheurs que je prévois.

» Il n'y a pas de ministère, il n'y a pas de système administratif qui vaille une goutte de sang versé. — C'est cette pensée que j'avais besoin d'exprimer dans cette enceinte en face des graves éventualités que je prévois. »

M. Odilon Barrot termina en exprimant le désir de les éloigner, et, quant à la réunion projetée, « je ne crains pas, dit-il, d'affirmer devant mon pays que cette manifestation, que cette lutte légale de principes aurait eu lieu sans aucun désordre et sans aucun trouble. Je suis parfaitement assuré que si la politique du cabinet eût pu en recevoir quelque atteinte, l'ordre public était parfaitement sauf et intact. » Et par ces paroles : « C'est le gouvernement qui est chargé du maintien de l'ordre et de la tranquillité dans le pays ; c'est à lui à peser la gravité des circonstances, et surtout c'est sur lui que porte la responsabilité. »

M. Duchâtel, ministre de l'intérieur, ne pouvait être embarrassé pour répondre au discours de M. Odilon Barrot. « La responsabilité, dit-il, ne pèse pas seulement sur le gouvernement, elle pèse sur tout le monde. Nous en avons la preuve dans le soin très-honorable qu'a pris l'honorable M. Odilon Barrot d'exprimer tout à l'heure ses sentiments devant la Chambre... Nous étions frappés, comme l'honorable membre, de l'avantage pour tout le monde d'obtenir une solution judiciaire, et tout en maintenant les principes exprimés et professés à cette tribune par le gouvernement, nous étions prêts et nous sommes prêts encore à laisser arriver les choses au point où, une contravention pouvant être constatée, un débat judiciaire puisse s'engager.

» Mais il est survenu autre chose : je crois qu'il n'y a personne dans cette Chambre qui n'ait lu, ce matin, un manifeste publié par un Comité dont on ne désigne pas les membres, et inséré dans tous les journaux de l'Opposition. Que fait ce manifeste ? Il ne se borne pas à provoquer un banquet et à préparer la solution judiciaire de la question ; non : il fait un appel à tous ceux qui partagent les principes de l'Opposition, et les invite à une manifestation qui, je n'hésite pas à le dire, compromettrait la tranquillité de la cité. Ce n'est pas tout : le manifeste provoque, au mépris de la loi de 1831, les gardes nationaux à se rassembler en état de gardes nationales, et non-seulement il provoque les gardes nationaux, mais il invite les jeunes gens des écoles, des mineurs qui ont à s'occuper de leur instruction, à s'associer au cortége, qui sera entouré d'une haie de gardes nationaux de la 12e légion. Il annonce que les gardes nationales seront placées dans l'ordre de leurs légions et sous la conduite de leurs officiers supérieurs. Ce manifeste viole toutes les lois du pays, sur lesquelles reposent la tranquillité et l'ordre public.

» La loi sur les attroupements est violée, la loi sur les gardes nationales est violée.

» J'en appelle au sentiment impartial de la Chambre, qu'est-ce que ce manifeste, si ce n'est la proclamation d'un gouvernement voulant se placer à côté du gouvernement régulier ; un gouvernement né d'un Comité que je ne connais pas, que je ne qualifie pas, prenant la place du gouvernement constitutionnel fondé par la Charte et appuyé sur la majorité des deux Chambres. Le gouvernement de ce comité parle aux citoyens, convoque en son propre nom les gardes nationaux, provoque des attroupements au mépris des lois. Cela ne pouvait pas être supposé, nous ne devions pas le supposer. Nous avons sous notre responsabilité le maintien de l'ordre public. J'espère, comme M. Odilon Barrot, qu'il ne sera pas troublé; je ne répondrais pas qu'il ne fût pas troublé, si le gouvernement ne prenait pas toutes les précautions nécessaires. Je n'ai pas la même foi que l'honorable orateur dans tous ceux qui peuvent prendre part à ces manifestations. »

Répliquant au ministre, M. Odilon Barrot déclare qu'*il n'avoue ni ne désavoue* le manifeste de l'Opposition. Les membres du centre lui font observer qu'*il faut l'avouer ou le désavouer*. L'orateur répond qu'*il en avoue très-hautement l'intention et en désavoue les expressions.* — Si on nous eût laissé faire, « je vous aurais, dit-il en terminant, donné l'assurance et je vous aurais garanti sur l'honneur qu'il n'y aurait eu aucun trouble, aucune perturbation. Mais la compression que vous établissez, ne vous le dissimulez pas, et je le dis avec douleur, tend une position déjà trop tendue, ajoute à des sentiments exaspérés un nouveau degré d'exaspération. Maintenant, c'est à vous qu'est la responsabilité de cette situation. Vous n'avez pas voulu de l'ordre avec et par la liberté, subissez donc les conséquences de la situation que vous avez faite. »

M. Duchâtel vit dans ce langage la réponse qu'il devait faire. « S'il me fallait, dit-il, des preuves pour justifier la détermination prise par le gouvernement, je les trouverais dans la parole même de l'honorable M. Odilon Barrot. Ce manifeste, qu'il nous accuse d'avoir grossi à plaisir, a été imprimé ce matin, comme vous l'avez vu, avec les formes qui lui ont été données, le concert que tout le monde a remarqué, dans tous les journaux de l'Opposition; ce manifeste, l'honorable M. Odilon Barrot ne l'avoue ni ne le désavoue.

« Le manifeste n'étant ni avoué ni désavoué, est-ce un sujet de sécurité pour nous, qui sommes chargés de maintenir l'ordre public? Est-ce un sujet de sécurité qu'on publie ouvertement un manifeste provoquant à la violation des lois, un manifeste dont l'honorable M. Barrot n'ose pas dire qu'il l'avoue?

« Quelle raison donne-t-on pour justifier, sinon les formes, qui cependant sont quelque chose en pareille matière, au moins le fond de ce qui a été fait? On nous dit d'abord que ce sont des mesures de simple police prises spontanément pour empêcher les troubles qui auraient pu survenir. Il y avait donc des éléments de troubles. Le désordre était donc plus prochain qu'on ne nous le disait tout-à-l'heure. »

Le ministre continue de réfuter M. Odilon Barrot, et termine en ces termes : Je maintiens ce que j'ai dit tout-à-l'heure. Nous avons résolu de laisser les choses arriver au point où la question judiciaire peut s'engager. Cette situation, nous l'avons prise, nous la maintenons encore. On appelle cela de la compression ; ce n'est pas de la compression, messieurs, c'est la seule chose qui puisse être raisonnablement demandée par tout le monde. La compression dont on parle est tout simplement l'accomplissement des devoirs du gouvernement, le maintien de l'ordre et le respect des lois sur lesquelles reposent la tranquillité du pays et le salut de nos institutions. »

Qu'on fût ou qu'on ne fût pas satisfait de tout ce qu'on venait d'entendre, personne ne demanda plus la parole.

On voit que M. Barrot avait prêté des armes à M. Duchâtel, et que ce dernier s'en était assez bien servi ; à considérer l'attitude du Pouvoir et de l'Opposition, et le point où en sont les choses, le choc des pensées sur les devoirs et les droits est au plus haut degré de violence, la division ne peut être plus grande dans les esprits. C'est ce qui me rappelle un mot du journal *le Siècle* : « *Les prophéties pourraient bien avoir raison.* »

Le même jour, 21 février, le préfet de police, G. Delessert, fit une *Proclamation* empruntée à la réponse de M. Duchâtel à M. Odilon Barrot, et rendit une *Ordonnance* contre les attroupements. Cette ordonnance rappelait les dispositions de celle du 13 juillet 1831, et complétait l'*Arrêté* qu'il avait pris la veille (20 février), pour interdire la réunion et le banquet. M. Jacqueminot, commandant-supérieur de la garde nationale, publia aussi un *Ordre du jour*, pour avertir les gardes nationaux qu'on cherchait à les égarer au nom de la légalité, et qu'en cela on leur faisait une injure contre laquelle il était de son devoir de protester. Il leur rappelait les fins auxquelles la garde nationale avait été instituée, et citait les articles 1, 7 et 93 de la loi du 22 mars 1831. Après quoi il disait :

« Vous le voyez, gardes nationaux du département de la Seine, la loi parle en termes trop clairs et trop précis pour qu'il soit possible de vous abuser par une interprétation dont votre sagesse fera justice.— Peu d'entre vous, sans doute, sont disposés à se laisser entraîner à une démarche coupable ; mais je voudrais leur épargner et la faute et le regret de compter leur petit nombre au milieu des 85,000 gardes nationaux dont vos légions se composent. — C'est donc au nom de la loi que je vous adjure de ne pas tromper la confiance du pays, qui a remis à votre garde la défense de la royauté constitutionnelle et de l'ordre légal. »

Ces diverses pièces furent affichées, les unes dans la soirée, les autres le lendemain matin. On s'attroupait pour les lire, et on faisait des commentaires. On disait aussi que, le lendemain, Paris serait occupé militairement, et que M. Bugeaud était nommé commandant de Paris, avec des pouvoirs illimités.

Cependant les députés de l'Opposition se réunirent, afin d'aviser à ce qu'il convenait de faire. Trois pairs de France se joignirent à cette assemblée. Irons-nous au banquet? En vain plusieurs, surtout M. de Lamartine, insistèrent pour que tous eussent le courage de s'y présenter ; les autres, en beaucoup plus grand nombre, ne crurent pas devoir partager ce sentiment. Il fut donc décidé que les députés de l'Opposition ne se présenteraient pas au banquet, mais qu'ils formuleraient un acte d'accusation contre le ministère. Une note, motivant leur résolution, fut insérée dans les journaux du lendemain. Cette résolution manifestait l'irrésolution, pour ne pas dire, avec d'autres, la lâcheté de l'Opposition, considérée en masse. Ainsi, dans le sein de l'Opposition parlementaire, se trouvait, comme ailleurs, le choc des pensées et la division des esprits.

L'assemblée devait se diviser d'une autre manière. Ses membres se séparèrent et allèrent former de nouvelles réunions. Les trois pairs et les députés qui avaient la même opinion que M. de Lamartine, se rendirent chez ce dernier. M. Odilon Barrot fut suivi par ses autres collègues dans les bureaux du *Siècle*. Leur résolution fut bientôt connue de toutes parts, on se rendit près d'eux pour les engager à garder une attitude ferme et digne de la situation, à marcher en avant plutôt que de reculer. Le Comité électoral du 2e arrondissement rédigea une adresse dont voici le texte :

« Les membres du Comité électoral de l'Opposition du 2e arrondissement, informés que MM. les députés de l'Opposition ont résolu de ne pas se rendre au banquet du 12e arrondissement, exprime par son organe *son étonnement de la décision prise* sans qu'elle soit accompagnée de la démission des députés de l'Opposition, et invite MM. les députés de l'Opposition à *déposer sans retard leur démission*, seule mesure capable de donner, en ce moment, une satisfaction à l'opinion publique. »

M. Barrot et les siens ne revinrent pas sur leur décision, et ne tinrent nul compte des démarches dont ils étaient l'objet, des reproches dont on les abreuvait. A cet entêtement, nul entêtement n'est comparable, si ce n'est celui de Louis-Philippe et de ses ministres.

M. de Lamartine et ses amis, au contraire, s'étaient affermis dans leur détermination d'aller au banquet, quand on vint leur annoncer que les commissaires du banquet, voyant la conduite de M. Odilon Barrot, avaient eux-mêmes renoncé à la manifestation projetée.

Il y avait, dans la cité, une espèce de calme ; mais ce calme n'était qu'apparent : c'était plutôt une inquiétude vague et concentrée.

III

22 FÉVRIER, — PREMIER JOUR.

Le temps est froid et sombre ; les ateliers et les magasins s'ouvrent comme d'habitude, et Paris offre un aspect tranquille. Peu à peu des groupes se forment devant les Ordonnances et autres pièces émanées de l'autorité. Chacun les commente suivant ses idées et ses impressions. Les uns les mettent sur la même ligne que les Ordonnances de juillet, et disent qu'elles n'empêcheront pas la grande manifestation projetée. Les autres, considérant que le Pouvoir dispose d'une force militaire très-imposante, et que l'Opposition a fait un acte de faiblesse qui la déshonore, espère qu'il n'y aura pas de trouble, ou que, s'il y en a, il sera facilement comprimé.

Cependant des hommes de bon sens, n'appartenant à aucun parti, se disaient : S'il arrive que l'ordre public soit menacé, qui le protégera ? car il ne paraît pas que le Pouvoir soit disposé, convier la garde nationale à remplir cette mission. Pourtant à maintenir l'ordre public, c'est l'office de la garde nationale; c'est pour cela qu'elle a été instituée. Or, il courait un bruit : on disait que dans la nuit l'ordre avait été donné de convoquer la garde . nationale, mais que, deux heures après, le gouvernement avait réfléchi qu'elle pourrait bien crier *Vive la réforme !* et conséquemment avait fait défense aux maires de Paris de faire battre le rappel dans les rues. Il résultait de là que les gardes municipaux, la ligne et les dragons étaient seuls chargés de réprimer les mouvements qui auraient paru de nature à compromettre la tranquillité.

D'autres bruits circulent, les fabriques et les ateliers se vident, et les groupes se multiplient, malgré la pluie, qui vient peut-être exprès pour donner aux hommes du Pouvoir une sécurité qui leur sera comme un piége : elle rassure, un moment du moins, les personnes qui, étrangères aux partis, craignent que tout ce fracas de tribunes, de journaux et de banquets, ne finisse par tuer les affaires.

Une grande partie de la population ignorait que le banquet ne devait pas avoir lieu. Mais ceux qui le savent, comme ceux qui l'ignorent, veulent voir ce qu'il y aura sur la place de la Madelaine, rendez-vous des citoyens de toutes les classes qui ont souscrit au banquet.

Il est dix heures, et les éléments agitateurs se réunissent sur les boulevarts; la foule, grossissant et frémissant, se dirige vers le lieu du rendez-vous réformiste. Les étudiants des écoles de Droit et de Médecine, rangés sur deux files, place du Panthéon, se mettent en marche vers le même point; ils rencontrent des groupes d'ouvriers plus ou moins nombreux, les admettent dans leurs rangs et fraternisent avec eux. D'autres bandes d'ouvriers et d'habitants des faubourgs arrivent successivement et grossissent la foule, qui déjà couvre la place de la Madeleine et encombre les rues adjacentes. Voici bien une multitude de citoyens de toutes les classes, et cette multitude n'a rien de menaçant ; aucune arme ne paraît, aucun cri ne se fait entendre, aucun chant ne s'élève ; on attend. Mais il est onze heures, et on ne voit aucun apprêt pour se rendre au banquet. — Le banquet! mais il n'aura pas lieu. — Il n'aura pas lieu ? et pourquoi ? — On l'a dit, et il faut bien que cela soit vrai, puisqu'il ne vient personne. On ne voit pas seulement l'ombre d'un député. — Personne de ceux qui devaient fonctionner au banquet. — Où sont les députés?... — Allons chercher les députés ! — Ah bien, oui ! les députés ! les députés !

Un cri de réprobation se fait entendre contre Odilon Barrot. Allons lui demander raison de sa conduite ! — D'autres crient : Allons chez Guizot ! A l'hôtel des Capucines !

La multitude s'ébranle et se sépare par masses compactes. Jusqu'ici rien ne lui a fait ombrage du côté du Pouvoir : pas un soldat, pas un sergent de ville.

Des groupes se détachent et se rendent dans diverses directions, vers la place de la Concorde, celle de la Bastille, l'École polytechnique, les bureaux du *National* et ailleurs.

Bientôt des groupes nombreux, venus par la rue de Bourgogne et le pont Louis XV, se rassemblent aux abords de la Chambre des députés. La grille du péristyle est forcée, et plusieurs individus pénètrent jusque dans l'intérieur de l'édifice. Les chefs d'huissiers accourent avec quelques députés ; un escadron de cavalerie, appelé par le général Tiburce Sébastiani, disperse le rassemblement et intercepte les rues qui aboutissent au Palais-Bourbon.

Un groupe nombreux, qui s'est porté à l'hôtel du ministère des affaires étrangères, prend une attitude menaçante ; on crie : *A bas Guizot ! Vive la réforme !* et on brise les fenêtres à coups de pierres.

La foule se ramasse sur les places de la Concorde et de la Madeleine, à l'entrée des Champs-Elysées, dans la rue Royale et sur les boulevards. On s'agite plus vivement, on profère quelques cris de *Vive la réforme !* on chante des airs révolutionnaires.

La force armée, infanterie et cavalerie, arrive et prend stratégiquement ses positions.

Dans les Champs-Elysées, des jeunes gens s'emparent des chaises et des barraques, et en font des espèces de barricades. La troupe vient, disperse les gamins et s'en retourne. Les gamins reparaissent aussitôt et incendient les barraques et les chaises amoncelées.

Vers une heure et demie, un rassemblement de cinq cents hommes, tous en blouse, traverse la place du Carrousel, précédé d'un drapeau et se dirigeant, par la rue de Rivoli, vers les Champs-Elysées. Aucun obstacle ne s'oppose à sa marche.

A deux heures, depuis la rue Montmartre jusqu'à la Madeleine, une foule immense se presse, mais sans désordre. On y voit beaucoup d'ouvriers et quelques gardes nationaux en uniforme. La circulation est libre jusqu'aux environs de l'hôtel des Capucines ; mais là, on rencontre des patrouilles de garde municipale à pied et à cheval, qui font évacuer les deux trottoirs dans tout l'espace occupé par l'hôtel des Affaires Étrangères. Cet hôtel est gardé militairement et entouré d'un formidable cordon de troupes. La population peut circuler, mais seulement sur la chaussée du milieu, ordinairement occupée par les voitures.

Au-delà de l'hôtel des Capucines, on rencontre, sur les trottoirs jusqu'à la Madeleine, des patrouilles d'infanterie de ligne qui marchent sur deux rangs, les files laissant entre elles un intervalle de trois ou quatre pieds, qui suffit à la circulation des passants. Les soldats ont le sac sur le dos et portent leurs outils de campement comme en temps de guerre. Sur la place de la Madeleine est un fort détachement d'infanterie de ligne, précédé de ses éclaireurs, comme en campagne. Le peuple crie : *Vive la ligne !*

Un escadron de dragons passe près du ministère de la marine ; le cri de : *Vivent les dragons !* se fait entendre, et la foule salue. Le capitaine commandant répond au salut, et sa troupe l'imite.

Les gardes municipaux ne sont pas aussi bien accueillis : on les provoque par des sifflets, des huées et des pierres.

Il est trois heures, et des collisions ont malheureusement déjà eu lieu, sur la place de la Concorde, entre la garde municipale et la foule. Les municipaux, à cheval et le sabre à la main, exécutent quelques charges à l'entrée des Champs-Élysées ; le peuple, refoulé, revient chaque fois et répond à coups de pierres. Il y a là de la troupe de ligne ; elle demeure immobile et l'arme au bras. On crie : *Vive la ligne !* et : *A bas les municipaux !*

Quelques collisions semblables ont également lieu sur la place de la Madeleine.

Des accidents étaient inévitables dans de telles circonstances. On dit que, dans les charges sur la place de la Concorde, plusieurs personnes ont été renversées ; que d'autres se sauvent dans les fossés de la place ; qu'une pauvre femme est écrasée sous un cheval qui s'est abattu, et qu'un ouvrier est atteint au cou par le tranchant d'un sabre.

Sur la place de la Madeleine, un homme, signalé à tort ou à raison comme un agent de la police secrète, est suivi de huées et de coups de pierres. Un escadron de cavalerie essaie de le dégager ; un homme du peuple reçoit à la tête un coup de pied de cheval qui lui fait une large plaie.

Près de l'hôtel des Capucines, afin d'arrêter un homme qui profère des cris hostiles, un garde municipal se détache de la patrouille dont il fait partie; renversé de son cheval, il est fort maltraité. Il succomberait, si quelques hommes faisant partie de la foule, et l'ayant relevé, ne le transportaient chez un pharmacien pour panser ses blessures. Ses camarades ne pouvaient aller à son secours, la foule étant trop compacte en ce lieu.

Cependant on cherche à répandre le bruit dans la ville que, dans cet endroit, il se passe des scènes atroces. A la Bastille, suivant une histoire de la révolution de 1848, « un homme, ayant été désigné comme un sergent de ville déguisé, avait été frappé à coups de bâton et avait reçu un coup de couteau dans le côté, à une assez faible distance du corps-de-garde des municipaux, qui n'intervinrent que quand le malheureux eut été abandonné gisant sur le pavé. »

Il est quatre heures. « M. Thiers, est-il dit dans une autre histoire, quittant la séance du Palais-Bourbon, éprouve la fantaisie de se porter aux Champs-Élysées pour s'y mêler aux curieux. Il est reconnu. Des enfants et de jeunes ouvriers s'emparent de lui, et, par maligne plaisanterie beaucoup plus que par impulsion politique, prétendent lui improviser une tumultueuse ovation. — M. Thiers, dont sa sagacité ne se méprend pas sur le mobile réel de cet élan patriotique, se débat vivement entre les bras qui le soulèvent, reprend pied sur le sol à force d'efforts, réussit enfin à s'échapper des mains qui le pressent, et, par une fuite précipitée, avise à se soustraire à ces caustiques hommages. Cinq cents de ces enfants le poursuivent en courant, traversent les allées sur ses pas, l'accablent de leurs huées, et provoquent, par leurs folles plaisanteries, le rire et les applaudissements de mille spectateurs. L'infortuné triomphateur n'atteint qu'à grande peine l'hôtel Pontalba, dont les grilles, par bonheur, s'ouvrent pour lui donner passage et se referment immédiatement derrière lui. »

Des groupes plus ou moins nombreux circulent dans presque tous les quartiers de la capitale ; ils chantent des refrains révolutionnaires ; les boutiques se ferment sur leur passage.

Divers faits peu importants avaient eu lieu dans plusieurs endroits depuis midi. Ainsi, dans les Champs-Elysées, on s'était emparé du petit poste qui est en face du Panorama de la bataille d'Eylau. Une bande de plus de deux cents individus en blouse, et se dirigeant vers la Bourse par la rue Vivienne, aperçoit une voiture de bois en déchargement devant la porte d'un boulanger ; un grand nombre de ces hommes s'emparent des bûches, et, chemin faisant, brisent, dans la même rue, quelques carreaux du magasin d'un chapelier, qui vend aussi des épées et des sabres. On a dit qu'ils enlevèrent quelques armes. Dans beaucoup de rues , on parvint à construire des barricades ; mais , généralement , elles étaient faites à la hâte, avec peu d'art, et sans solidité ; elles furent facilement détruites, pour la plupart.

A cinq heures du soir, le gouvernement s'étant enfin décidé à recourir à la garde nationale, le rappel bat dans plusieurs quartiers pour appeler sous les armes le 1er et le 4e bataillons de toutes les légions de Paris. Les tambours sont suivis de groupes qui chantent la *Marseillaise.*

L'émeute grandit dans le reste de la soirée ; on renverse des omnibus et de grosses voitures pour faire des barricades ; on pille plusieurs boutiques d'armuriers, entre autres celle de Lepage. Comme elle résistait aux efforts des assaillants, on arrête un omnibus ; et, après avoir dételé les chevaux, on fait agir l'omnibus comme s'il était un bélier.

Dans beaucoup d'endroits on brise les réverbères, on prend les bureaux de place, on désarme quelques postes, on cherche à faire sortir les élèves de l'école Polytechnique ; aux Champs-Elysées, on incendie le corps de garde Marigny, occupé par les municipaux, refugiés dans un poste voisin, auquel on met pareillement le feu et c'est avec peine que les municipaux échappent à un péril imminent. Dans les rues Tiquetonne, Bourg-l'Abbé, Grénétat, Transnonain, se trouvent des hommes armés en assez grand nombre, qui attaquent des détachements de gardes municipaux. Une maison de la rue Beaubourg renferme cinq prisonniers ; les insurgés se présentent pour les délivrer, ils tirent à bout portant contre les municipaux, qui ripostent de même ; les prisonniers restent au pouvoir de ces derniers.

On disait que dans l'après-midi la force armée avait pu faire environ deux cents prisonniers. Il y eut des tués et des blessés de part et d'autre ; mais en petit nombre. Il y avait une ambulance dans la rue Saint-Honoré, n° 291.

Enfin les insurgés se retirèrent peu à peu, une pluie battante qui survint ne contribua pas peu à leur faire prendre ce parti, et à minuit le calme était rétabli dans toute la ville.

Malgré les désordres de cette journée, un journal, le *Courrier Français,* disait le lendemain : « *L'ordre n'a point été en danger sérieux.* »

La Chambre des pairs, dont la séance s'était ouverte à deux heures, n'avait vu, elle, de *danger sérieux* que dans une proposition de M. de Boissy, tendant à interpeller le cabinet, et à obtenir des explications relativement aux mesures prises par le ministère contre la manifestation du droit de réunion. La proposition de M. de Boissy a été appuyée par quelques membres ; mais la Chambre, consultée, a décidé qu'il n'y avait pas lieu d'entendre M. de Boissy. Elle a préféré entendre le rapport de deux pétitions ; à cette occasion, M. de Boissy revient sans cesse, et toujours inutilement, à sa proposition. Enfin, rappelé à l'ordre, et voyant que la tribune n'est pas libre, « Je n'ai qu'à me soumettre, dit-il, je proteste intérieurement et je m'asseois respectueusement. »

La Chambre des députés, malgré ce qui se passait sous ses yeux, a repris la discussion du projet de loi relatif à la prorogation du privilége de la banque de Bordeaux ; et cette discussion a rempli seule la séance tout entière. Le président ayant levé la séance et déjà quitté le fauteuil, M. Odilon Barrot se lève pour parler, et plusieurs membres de la gauche s'écrient : Le président ! le président ! Alors M. le président remonte au fauteuil. M. Odilon Barrot le prie d'annoncer qu'il a déposé une proposition soutenue par un assez grand nombre de députés et d'indiquer quel jour elle sera discutée dans les bureaux.

Une autre proposition que celle dont parle M. Odilon Barrot est pareillement déposée. La première est signée par cinquante-trois députés, M. Odilon Barrot à la tête ; la seconde par M. de Genoude tout seul. Toutes les deux sont une demande motivée de la mise en accusation du ministère. M. le président déclare qu'elles seront soumise le jeudi 24 à l'examen des bureaux.

Voici le texte de ces deux pièces :

1° De celle qui a été déposée par M. Odilon Barrot :

« Nous proposons la mise en accusation du ministère, comme coupable :

1° D'avoir trahi au dehors l'honneur et les intérêts de la France ;

» 2° D'avoir faussé les principes de la constitution ; violé les garanties de la liberté, et attenté aux droits des citoyens ;

» 3° D'avoir, par une corruption systématique, tenté de substituer à la libre expression de l'opinion publique les calculs de l'intérêt privé, et de pervertir ainsi le gouvernement représentatif ;

» 4° D'avoir trafiqué, dans un intérêt ministériel, des fonctions publiques, ainsi que de tous les attributs et privilèges du pouvoir;

» 5° D'avoir, dans le même intérêt, ruiné les finances de l'Etat, et compromis ainsi les forces et la grandeur nationales ;

» 6° D'avoir violemment dépouillé les citoyens d'un droit inhérent à toute constitution libre, et dont l'exercice leur avait été garanti par la Charte, par les lois et par les précédents ;

» 7° D'avoir enfin, par une politique ouvertement contre-révolutionnaire, remis en question toutes les conquêtes de nos deux révolutions et jeté dans le pays une perturbation profonde (1). »

2° De celle qui a été déposée par M. de Genoude :

« Attendu que les ministres, en se refusant à la réforme d'une loi électorale qui prive les citoyens de toute participation aux droits politiques, violent la souveraineté nationale, et sont cause, par conséquent, des troubles et des dangers de l'ordre social ; attendu qu'ils maintiennent ainsi la France dans un système immoral et ruineux au dedans, funeste et dégradant au dehors, le soussigné, député de la Haute-Garonne, demande à la Chambre la mise en accusation du président du conseil et de ses collègues (2). »

(1) M. Thiers ne se trouve point parmi les députés signataires de l'acte d'accusation déposé par M. Barrot. Arrivé un des premiers à la Chambre, et s'entretenant avec plusieurs de ses collègues, il paraissait mettre dans ses paroles une très-vive animation, et on disait qu'il s'opposait à ce que l'Opposition proposât la mise en accusation du ministère.

(2) La *Gazette de France* a expliqué pourquoi M. de Genoude a voulu un acte d'accusation particulier. « En motivant, dit-elle, cet acte d'accusation sur la privation des droits de trente-cinq millions d'hommes à participer aux droits politiques, il a voulu montrer que ce n'est pas seulement un changement de ministère, mais un changement de système qui, dans sa conviction peut sauver la France. — Que M. Thiers, ou même M. Barrot, succèdent à M. Guizot, les choses resteront dans le même état, attendu que les petites réformes sont également du monopole. — La véritable cause du mal n'étant pas signalée dans l'acte d'accusation déposé par M. Odilon-Barrot, M. de Genoude a cru devoir la mettre en lumière. — Il y a longtemps que la France serait hors de péril si l'opposition s'était mise sur ce terrain... »

IV.

23 FÉVRIER. — DEUXIÈME JOUR.

Le mouvement insurrectionnel recommence et s'accroît peu à peu.

De gros nuages, roulant dans l'atmosphère, laissent tomber sur la capitale plusieurs froides averses. Décidément, dit quelqu'un en plaisantant, il paraît que le bon Dieu se met du côté du gouvernement ; voilà qu'il combat pour lui à la façon de feu Lobau. — Mais Dieu était pour le peuple, parce que le peuple était l'instrument qu'il avait choisi pour exercer sa justice. Et par peuple, ici, nous entendons toute la nation, moins le roi, sa famille, ses ministres, les fonctionnaires serviles et tous les élus de la faveur et de la corruption généralement quelconques. Oui, Dieu était pour le peuple, parce que d'ailleurs le peuple revendiquait ses droits, les uns promis, mais retenus, comme par exemple, la liberté de l'enseignement, et les autres violés, comme la liberté de se réunir, et qu'il les revendiquait légalement, suivant l'article 66 de la Charte de 1830, ainsi conçu : « La présente Charte et tous les droits qu'elle consacre demeurent confiés au patriotisme et au courage des gardes nationaux et de tous les citoyens français. »

Encore une fois, Dieu était pour le peuple ; il va se passer plus de vingt-quatre heures sans que vous reconnaissiez, peut-être, l'action de sa providence, mais avant qu'il y en ait trente d'écoulées, vous en aurez des preuves manifestes.

Si ce matin, comme hier matin, Dieu envoie de la pluie, dans le reste du jour, comme hier, et plus favorablement encore, il enverra du beau temps.

Le Pouvoir savait que la garde nationale, généralement, se prononçait pour la réforme, et il l'avait en suspicion. Voilà pourquoi il avait renoncé à la convoquer. Mais l'universalité de l'agitation qui se manifesta hier, dans une ville telle que Paris, lui fit comprendre que la grande armée de l'ordre public était indispensable pour rétablir le calme au sein de la grande population troublée. Aussi, se ravisant, il fit battre le rappel dans la soirée. Or, il était déjà deux fois *trop tard !* et il ne s'en doutait pas.

Le matin, dès sept heures, on a recommencé à battre le rappel dans tous les quartiers. D'abord peu de gardes nationaux ont voulu y répondre ; mais bientôt ils se sont accordés dans cette pensée, que la garde nationale doit se montrer, il est vrai, pour rétablir l'ordre, mais en même temps pour faire connaître ses vœux. Les voilà qui se rendent à leur poste, et on s'attend qu'ils vont faire une manifestation plus solennelle et plus hardie que celle qu'ils auraient faite au banquet.

On va et on vient avec tranquillité ; on se cherche et on se groupe, histoire de causer. On se raconte ce qu'on a vu, ce qu'on a appris des événements d'hier ; on s'indigne contre la garde municipale, et encore plus contre le Pouvoir. Les uns rapportent qu'il y a de l'artillerie sur plusieurs points, et que c'est le duc de Montpensier qui a ordonné de l'amener pour foudroyer le peuple. Les autres, que le maréchal Bugeaud est nommé commandant supérieur des gardes nationales du département de la Seine, en remplacement du général Jacqueminot. D'autres ajoutent que le même maréchal Bugeaud est nommé commandant en chef des troupes de ligne dans la première division militaire. On dit aussi que le duc de Montpensier et le maréchal Bugeaud doivent agir de concert et avec violence, pour forcer les citoyens à subir docilement le despotisme et à se déclarer *satisfaits*. Si tous ces bruits-là n'étaient pas vrais, il ne s'en fallait guère.

On ne saurait évaluer au juste l'effectif des troupes que, dans sa déplorable prévoyance, le Pouvoir avait réunies dans Paris. Toujours est-il certain qu'elles avaient été appelées, comme pour narguer la volonté nationale, de vingt lieues à la ronde. Le maréchal Bugeaud paraît en effet avoir reçu la mission de les commander : on le voit, accompagné d'un état-major, parcourir des rues et la longue ligne des boulevards ; les traditions de la rue Transnonain vont se révéler dans plus d'une circonstance : on remarque bientôt qu'un plan stratégique soigneusement préparé, a présidé à la disposition, à l'échelonnement des troupes. Outre leurs armes et d'abondantes munitions, les soldats ont encore été munis de haches, de pioches, de marteaux, en un mot, d'instruments propres à briser les portes ou à démolir les barricades.

Les rassemblements où l'on remarque quelques gardes nationaux, s'accroissent, se multiplient, s'exaltent. Ils se portent dans les quartiers du centre et sur les boulevards ; les boutiques, ouvertes dès le matin, se referment.

Déjà des barricades sont élevées dans quelques rues du Marais et des quartiers Saint-Denis et Saint-Martin. On en construit beau-

coup d'autres dans ces mêmes quartiers et ailleurs, sans empê-
chement et en présence d'une foule de curieux ; plusieurs sont
élevées même en face des détachements de la ligne.

A peu d'exceptions près, toutes ces barricades sont faites avec
des pavés (1) ; mais, dans un grand nombre, on voit des voitures
renversées, des fiacres, des camions, des charrettes, des diligen-
ces, des voitures de déménagement, des tombereaux, en un mot,
toutes sortes de véhicules, des planches, des portes, des guérites,
des baraques, tout ce qui s'est trouvé à portée et qu'on a cru
propre à la construction de ces fortifications improvisées.

Quelques insurgés ont des fusils, des pistolets, des sabres,
des piques, des baïonnettes, des barres de fer, et autres instruments encore moins propres, dans ces circonstances, à l'attaque
ou à la défense. Il est donc vrai de dire que les insurgés ne sont
pas armés. Ils n'ont d'autres moyens de défense que les barricades.

Or, beaucoup de barricades sont successivement et facilement
attaquées et enlevées ; mais ceux qui les ont enlevées ne restent
pas pour empêcher le peuple de les rétablir ou de les fortifier et
de les garder. Quelques-unes sont deux ou trois fois détruites
et autant de fois relevées.

Il y avait beaucoup d'artillerie sur la place du Carrousel. Deux
pièces de canon et deux mille hommes de troupes, commandés
par un officier-général, stationnaient sur la place des Victoires.
Deux autres pièces avaient pris position à la pointe Saint-Eustache.
On en avait placé d'autres dans diverses parties des halles ; il y en
avait également sur les places de Grève et de la Bastille, dans les
rues Saint-Denis, Saint-Martin, et ailleurs.

Si nous avions des armes, disent les insurgés, on ne nous pren-
drait pas nos barricades ; nous pourrions du moins les défendre.

Alors, ils vont dans les maisons, demandant honnêtement des
armes ; ils en obtiennent. Ils enlèvent aussi plusieurs postes ; ce
qui leur procure de nouvelles armes et quelques munitions.

La fusillade se fait alors entendre sur plusieurs points. Ce sont
des engagements plus ou moins sérieux entre les gardes municipaux et les chasseurs d'Orléans, d'un côté, et les citoyens armés de l'autre. Ces engagements cessent et reprennent successi-

(1) « Confiant dans la justice de Dieu, j'ai toujours cru, a dit quelqu'un,
» que, sorti des pavés, le fils de Philippe-Égalité disparaîtrait sous les
» pavés. »

2

vement, selon que la garde nationale s'interpose entre les uns et les autres.

Quelques collisions sanglantes ont pareillement lieu entre les troupes de ligne et les insurgés.

Inutile de parler des charges de cavalerie qui s'exécutent sur d'autres points, et de dire que les gardes nationaux comme les curieux, crient partout : *Vive la réforme !* mais il faut noter que des officiers de la ligne et leurs soldats répondent par le même cri à la garde nationale.

Il est environ quatre heures du soir ; une nouvelle qui circule ait aussitôt cesser les hostilités : on assure que le ministère est changé. La retraite du ministère Guizot, voilà tout ce qu'il faut, rien de plus, pour avoir la réforme ; car on se flatte qu'il va être remplacé par un ministère réformiste, et la réforme est tout ce qu'on demande, on ne ne veut rien autre chose.

Il y a eu des tués et des blessés, mais le nombre heureusement en est peu considérable. On rapporte des faits particuliers de toutes sortes ; nous les croyons peu authentiques ou empreints de partialité ou d'exagération. Il sera plus utile de nous en tenir à ceux qui nous paraissent vrais et qui montrent l'attitude de la garde nationale dans cette journée. Nous ne suivrons d'autre ordre que celui des légions.

En général la garde nationale, répondant à l'appel, veut coopérer au rétablissement de l'ordre, mais en même temps et surtout exprimer les véritables sentiments de la population de la capitale, et protester énergiquement contre le système du ministère et réclamer la réforme électorale.

Un bataillon de la deuxième légion s'était réuni sous l'auvent de l'Opéra. Le commandant s'adressant aux gardes nationaux, leur dit que son intention est de contribuer avec leur aide, à faire respecter l'ordre et la propriété, mais qu'il ne veut pas venir au secours du ministère. Un garde national l'interrompt en disant : « Nous ne sommes pas ici pour faire de la politique » Le chef de bataillon lui répond : « Bien au contraire ! » Aussitôt tous les autres gardes nationaux crient : *Vive la réforme !* Ils se mettent en marche et répètent ce cri, qui est le cri de ralliement de tous les amis de la liberté.

Un autre bataillon de la même légion faisait une patrouille dans la rue de la Paix, en proférant le même cri, auquel s'associe la foule environnante. Un piquet de cuirassiers arrive. Le capitaine

d'état-major qui le guide donne ordré à ses cavaliers de couper
le rassemblement qui suit la garde nationale. L'officier commandant paraît hésiter un moment ; enfin il refuse. Aussitôt les gardes
nationaux et les citoyens entourent les cuirassiers, ils fraternisent
avec eux et échangent des poignées de mains.

Cette même légion stationnait vers onze heures dans la rue de
Rivoli, en face du château. Le roi veut savoir ce que demandent
ces gardes nationaux. Le colonel Bilfeldt, commandant des Tuileries, le général Prévost de Vernoix et deux officiers d'ordonnance
viennent s'en informer. On leur répond par les cris de *Vive la réforme !* La foule, pleine d'enthousiasme, accompagne la légion
jusqu'à la mairie, en poussant des acclamations à l'honneur de la
garde nationale.

A deux heures, le lieutenant-colonel de la même légion, M.
Baiguères, se rend auprès du duc de Nemours ; il lui dit en termes énergiques, que, si les concessions exigées par l'opinion publique ne sont pas faites, il lui est impossible de répondre de l'esprit
de sa légion.

Au coin de la rue Lepelletier, M. Delaborde, chef de bataillon de
la deuxième légion, à la tête d'un fort piquet, s'est opposé énergiquement au passage d'un escadron de cuirassiers. Tenant son
épée par la pointe, il s'avance et dit à l'officier commandant :
« Monsieur, vous ne passerez pas, le quartier est tranquille, nous
n'avons que faire de votre présence. » En même temps tous les
gardes nationaux présents poussent les deux cris désormais clas-
siques : *Vive la réforme ! A bas Guizot !* La troupe s'éloigne sans
observation.

La 3e légion, réunie en assez grand nombre sur la place des
Petits-Pères, a chargé son colonel de se rendre à l'état-major,
pour déclarer qu'elle ne déposerait les armes qu'après le renvoi
des ministres. Ses compagnies se détachent successivement, et vont
dans différentes directions, criant : *Vive la réforme !* et faisant
cesser les hostilités sur leur passage.

Deux pièces de canon étaient braquées dans la rue Saint-Martin.
Une compagnie de cette légion s'est présentée devant la bouche
de ces canons. MM. Dubochet et Sanche, officiers de cette compagnie, se sont écrié : « Ne tirez pas ! à moins que vous ne vou-
liez tirer sur nous. Nous ferons la police chez nous, et nous ar-
rêterons l'effusion du sang. » Ces paroles produisirent un immense effet.

Une foule immense environnait la 3ᵉ légion. Les cris de *Vive la réforme!* étaient proférés à la fois par les gardes nationaux et les citoyens. Un escadron de dragons accourt pour dissiper la foule. Les citoyens, brusquement assaillis, invoquent la protection des gardes nationaux. Les officiers se jettent au devant des dragons et les invitent à rétrograder. Ces derniers veulent engager une charge. Alors les gardes nationaux croisent la baïonnette, et les dragons reculent et se retirent. Bientôt surviennent des gardes municipaux à pied, voulant reprendre l'œuvre à laquelle les dragons ont renoncé. Une fois encore les gardes nationaux s'opposent à cette tentative, et les gardes municipaux, reculant à leur tour devant l'attitude ferme et résolue des soldats citoyens, ne tardent pas à quitter la place.

Vers les deux heures, cette même légion se disposait à se rendre aux Tuileries pour faire entendre ses réclamations, quand elle apprit que le ministère allait être changé.

Après le rappel, un certain nombre de gardes nationaux de la 4ᵉ légion étaient réunis dans la cour de la mairie. Quelques-uns proposèrent de faire une pétition pour faire comprendre à la Chambre des députés le rôle que voulait remplir la garde nationale, et pour demander le renvoi des ministres. Les chefs supérieurs de la légion s'opposent à ce qu'on la signe, en taxant cette mesure d'illégale. Cependant la pétition rédigée se couvre promptement de signatures. Plusieurs capitaines, officiers, sous-officiers et gardes nationaux, ayant quitté le fusil et la giberne, vont en corps porter leur pétition à M. Crémieux. La colonne, au nombre de plus de 300 hommes, rangés sur trois rangs, escortés d'une foule immense de peuple, s'avance au travers des rues dans le calme le plus parfait. Parvenus à la demeure de l'honorable député, ces dignes soldats citoyens, apprenant qu'il est parti pour la Chambre, s'y rendent eux-mêmes dans le même ordre. Sur le pont de la Concorde, un détachement de la 10ᵉ légion, composé des amis de M. Lemercier, colonel de cette légion, leur barre inopinément le passage. Alors, sans rien perdre de leur attitude pacifique, ils délèguent un des leurs, M. Haguette, en habit bourgeois, pour aller remettre leur pétition à M. Crémieux. Bientôt après, MM. Crémieux, Marie et Beaumont (de la Somme) viennent eux-mêmes les trouver, les entretiennent de leur pétition, en les assurant qu'elle va être déposée, et les félicitent.

De retour à la mairie, où il n'était resté que quelques hommes de service, ils rendent compte à leurs camarades de la démarche qu'ils viennent de faire. Le colonel survient un instant après, et, comme dans le récit des faits, on s'était servi du mot *démonstra-tion*, il interrompt le narrateur, en lui disant violemment qu'il n'est pas permis à la garde nationale de faire des démonstrations. Ces paroles deviennent l'objet des interpellations les plus vives et les plus unanimes. La discussion s'échauffe de plus en plus; mais on vient annoncer que le ministère a donné sa démission, et cette nouvelle met fin au débat.

Vers trois heures et demie, un détachement de la 5e légion, précédé du maire du 5e arrondissement, débouchait sur les bou-levards, entre le Château-d'Eau et l'Ambigu. Des troupes de ligne, infanterie et cavalerie, bordaient les deux trottoirs. Tout-à-coup et au moment où les derniers gardes nationaux passaient devant ces troupes, un officier supérieur donne l'ordre de charger le peuple. Les chasseurs s'avancent; mais les dernières files de gardes nationaux se portent aussitôt à leur rencontre, baïonnette croisée; en même temps un grenadier de la 5e légion, M. Artot, homme d'une stature remarquable, se précipite vers l'officier su-périeur et l'interpelle vivement : « Vous êtes bien coupable, s'é-crie-t-il, de faire charger des citoyens inoffensifs, sous les yeux de leurs frères armés pour défendre les libertés publiques. Que voulons-nous? que veut la population tout entière? La chute d'un ministère impopulaire et la réforme électorale; car, nous aussi, nous crions *Vive la réforme! à bas Guizot!* » L'officier su-périeur balbutie quelques excuses tirées de ce qu'il ne serait qu'un instrument passif, et ses soldats s'arrêtent devant la coura-geuse manifestation de la garde nationale.

Place Royale, un bataillon de la 8e légion s'est interposé entre les dragons, qui allaient faire une charge, et les citoyens. Les dragons, ici comme ailleurs et comme la plupart des autres corps de l'armée, refusent d'entrer en lutte avec la garde nationale.

Un bataillon de la 10e légion, réuni dans le voisinage du Palais-Bourbon, voit arriver à lui M. Lemercier, pair de France et co-lonel. « Messieurs, s'écrie M. Lemercier, tout est fini dans Paris, l'émeute est terrassée, et la garde nationale est appelée à donner au gouvernement un témoignage de confiance. » A ces mots, l'un des soldats du bataillon, M. Bixio, sort des rangs, et s'écrie à son tour : « Colonel, nous sommes tous disposés à faire respecter l'or-dre et les propriétés; mais, il faut bien que le gouvernement le sache, nous n'avons pas de manifestation de confiance à faire. Nous voulons, oui, tous ceux qui sont ici veulent, comme moi, le changement du ministère et la réforme. » Alors s'élève de toutes parts un cri unanime de *Vive la réforme! vive la réforme!* Un homme du peuple, qui se trouvait près de M. Lemercier, ayant proféré ce cri, le colonel descend de cheval et saisit cet homme au collet. En même temps, des gardes nationaux l'entourent et délivrent son prisonnier, en lui disant: « Colonel, on n'arrête pas un homme pour avoir crié *Vive la réforme!* » Furieux de cette résistance, M. Lemercier arrache son hausse-col et remonte à cheval, pour aller rendre compte à l'état-major de l'état des esprits dans sa légion.

La 12e légion s'était réunie vers quatre heures sur la place du Panthéon, et se trouvait placée entre un piquet considérable d'infanterie et un piquet de cuirassiers. Cette situation n'a pas été tolérée long-temps. Le corps d'officiers a insisté pour que la légion parcourût l'arrondissement, et le colonel, M. Lavocat, après avoir entendu plus d'une vérité, est obligé d'ordonner le départ. Les quatre bataillons de la légion prennent alors leur chemin en criant *Vive la réforme!* et parcourent l'arrondissement, au milieu de l'enthousiasme de toute la population. La troupe de ligne s'associe à ces patriotiques vivats.

Les Chambres législatives, aujourd'hui, ne sont pas moins agitées que les rues.

La séance de la Chambre des pairs s'ouvre à deux heures, et aussitôt M. d'Alton-Shée dépose une proposition tendant à interpeller les ministres. Elle est conçue en ces termes : « Des événements graves se sont accomplis ; une émotion générale s'est emparée de la population ; hier et aujourd'hui des collisions déplorables ont eu lieu entre la troupe et les citoyens. De ces événements, les uns font peser la responsabilité sur le gouvernement, les autres sur l'opposition. Je supplie la Chambre, dans l'intérêt de la justice et de la vérité, de m'autoriser, dès qu'elle jugera le moment opportun, à interpeller MM. les ministres. Il importe d'établir dans un débat public et contradictoire, devant la Chambre et devant le pays tout entier, la part de responsabilité qui doit revenir à chacun. »

La Chambre, consultée, décide qu'il n'y a pas lieu d'entendre M. d'Alton-Shée en sa proposition.

M. de Boissy, après quelques difficultés qu'on lui fait éprouver, dépose aussi, dans le même but, une proposition dont M. de Flavigny, un des secrétaires, donne lecture, et qui est ainsi conçue :

« Attendu qu'hier le sang a coulé sur divers points de la capitale ; qu'aujourd'hui encore la population parisienne est menacée de mort et d'incendie, de mort par soixante bouches à feu approvisionnées moitié à coups de mitraille, moitié à coups de boulets; qu'elle est menacée de dévastation et d'incendie par quatre cents pétards, le tout transporté d'urgence et en hâte de Vincennes à l'Ecole-Militaire...

M. DE TASCHER, interrompant : Ce n'est pas là une demande d'interpellations; on ne peut tolérer...

M. DE BOISSY : Messieurs, je demande à lire sans discuter..... (Non! non ! à l'ordre!) Hier... (A l'ordre ! à l'ordre !)

(Un tumulte extraordinaire s'élève dans toutes les parties de la Chambre; plusieurs pairs adressent à l'orateur des interpellations peu parlementaires, et échangent entr'eux des paroles d'une vivacité extrême. M. de Boissy continue à parler, mais sa voix est couverte par le bruit.)

M. LE PRÉSIDENT : Monsieur de Boissy, je vous rappelle à l'ordre. Vous n'avez pas la parole ; asseyez-vous.

M. DE BOISSY : Le règlement est fait pour moi comme pour vous. (Nouveaux cris.)

(Le tumulte éclate avec plus de force ; tous les pairs apostrophent M. de Boissy. M. le président cherche à se faire entendre.)

M. DE BOISSY : Si vous faites autant de bruit, force me sera de me taire ; car je ne puis lutter contre tant de personnes qui crient toutes ensemble; je me tairai...

M. LAPLAGNE-BARRIS : Eh bien ! taisez-vous !

M. DE BOISSY, se tournant vivement vers M. Laplagne-Barris: Comment, que je me taise ! (Le bruit redouble.) Vous n'avez pas, monsieur, le droit de m'interpeller ainsi. C'est de la dernière inconvenance. (La voix de l'orateur est couverte par de nouveaux cris : A l'ordre ! à l'ordre !)

M. DE BOISSY avec force : Non. Je le dis à la Chambre, à la face de mon pays; je méprise les personnalités, et plus que les personnalités, ceux qui se les permettent à mon égard. J'en avertis ceux qui m'injurient.

(Le tumulte s'élève à un degré qui ne peut être dépassé.)

M. DE MACKAU : Vous ne devez pas parler.

M. DE BOISSY : Je dirai à M. de Mackau qu'il ne préside pas, et que cela ne le regarde pas.

M. LE PRÉSIDENT, au milieu d'une agitation impossible à décrire : Il ne peut être permis à un seul homme de manquer de respect à la Chambre entière.

M. DE BOISSY : Je respecte la Chambre, mais je ne respecte pas ceux qui se permettent des personnalités à mon égard.

J'ai l'honneur de demander à la Chambre.. (Non! non! Vous n'avez pas la parole! A l'ordre! à l'ordre!)

M. LE PRÉSIDENT : Asseyez-vous, monsieur; vous n'avez pas la parole.

M. DE FLAVIGNY : Voici les conclusions de la demande de M. Boissy :

« J'ai l'honneur de demander à la Chambre la permission d'adresser des interpellations au cabinet sur la situation de la capitale, et notamment pourquoi il n'a pas réuni plus tôt la garde nationale. »

M. LE PRÉSIDENT : La demande est-elle appuyée?

M. D'ALTON-SHÉE : Oui!

M. LE PRÉSIDENT : Il faut qu'elle soit appuyée par deux membres. (Silence.) La proposition n'étant pas appuyée par deux membres, il n'y a pas lieu de s'en occuper.

Après cet incident, la Chambre, dont l'émotion n'est pas encore calmée, passe à son ordre du jour, qui appelle la discussion du projet de loi relatif à l'expropriation forcée dans les colonies.

Au Palais-Bourbon, les précautions prises par l'autorité militaire sont beaucoup plus imposantes qu'hier. La place de la Concorde est couverte de troupes. Plusieurs pièces de canon sont en batterie près du Pont-Tournant. Un régiment de cuirassiers, arrivé cette nuit, bivouaque sur la place; une nombreuse infanterie est sous les armes, malgré le mauvais temps; toutes les autres issues sont stratégiquement gardées.

La Chambre, dont la séance s'est ouverte à une heure et demie, est tellement agitée qu'il ne lui sera pas possible de s'occuper de la loi sur la banque de Bordeaux. M. Vavin, député de Paris, monte à la tribune au commencement de la séance, et déclare qu'il se propose d'interpeller les ministres, notamment celui de l'intérieur (M. Duchâtel). M. Hébert, ministre de la justice, annonce que le ministre de l'intérieur, ainsi que le président du conseil (M. Guizot), viennent d'être appelés au dehors par des soins que la situation explique et requiert; mais que, prévenus de l'intention de M. Vavin, ils reviendront bientôt répondre aux interpellations. La Chambre est alors suspendue jusqu'à trois heures un quart. Pendant ce temps-là, elle se livre à des conversations particulières. Toutes les préoccupations sont au dehors, et l'on demande des nouvelles à tous les députés qui arrivent.

Tout-à-coup on annonce qu'une colonne formée de gardes nationaux sans armes et de citoyens se dirige vers la Chambre. Une vive agitation suit cette nouvelle; un grand nombre de députés quittent la salle, les tribunes publiques se dégarnissent, les journalistes suivent ce mouvement. « Nous sortons, est-il dit dans un journal, et du haut des degrés du péristyle de la Chambre, nous apercevons en effet une foule nombreuse de gardes nationaux et de citoyens engagés sur le pont Louis XV, sans que les troupes qui stationnent sur la place se soient opposées à son passage. Dans ce moment, un bataillon de la 10e légion de la garde nationale en armes a paru sur le quai et a marché vivement à la rencontre des arrivants. Les deux troupes s'arrêtent; une vive anxiété règne parmi les témoins de cette scène.

» Plusieurs voix s'élèvent sous le péristyle de la Chambre : Où sont les députés de l'Opposition, pour aller recevoir la pétition, puisqu'on veut l'empêcher d'arriver? *Vive la réforme! vive la réforme!* MM. Odilon-Barrot, Crémieux, etc., se montrant tout-à-coup, se font ouvrir la grille et s'avancent vers le pont de la Concorde. Après un moment d'attente, passé à parlementer, ces Messieurs reviennent. Le bataillon qui s'opposait au passage des pétitionnaires fait volte-face. La colonne qui voulait passer s'éloigne en bon ordre. L'on entend au loin s'élever les cris de *Vive la réforme!* (Le lecteur voit que ces pétitionnaires sont les soldats citoyens de la quatrième légion).

» Les députés qui sont allés au devant de la colonne reviennent avec la pétition. Toutes les personnes qui étaient dehors s'empressent de rentrer. Tout le monde se dit que l'on touche au dénouement du drame qui depuis hier agitait la capitale. (On n'était encore qu'au prologue; mais Dieu seul le savait).

» Pendant le temps qu'ont duré les pourparlers entre la colonne qui se dirigeait vers la Chambre et les autres gardes nationaux qui voulaient lui disputer le passage, M. Bugeaud, en habit bourgeois, est apparu tout à coup sur les degrés du péristyle, introduisant des soldats de ligne du poste de la Chambre, après quoi il s'est retiré. » (*Extrait d'un journal*).

La Chambre étant rentrée en séance, le président donne la parole à M. Vavin qui s'exprime en ces termes : « Depuis plus de 24 heures, des troubles graves désolent la capitale. Hier, la population a remarqué avec un douloureux étonnement l'absence de la garde nationale ; cet étonnement était d'autant plus grand, d'autant plus pénible, qu'on savait que l'ordre de la convoquer avait été donné lundi dans la soirée. — Il serait donc vrai que, dans la nuit du lundi au mardi, cet ordre aurait été révoqué. Ce n'est qu'hier à cinq heures que le rappel a été battu dans quelques quartiers pour réunir quelques gardes nationaux ; dans la journée la population de Paris a été livrée au péril qui l'entourait, sous la protection de sa garde civique. Des collisions funestes ont eu lieu ; nous n'aurions peut-être pas aujourd'hui à les déplorer, si, dès le commencement des troubles, on avait vu, dans nos rues, sur nos places, cette garde nationale, dont la devise est : *Ordre public* et *Liberté*. Sur un fait aussi grave, aussi malheureux, je prie MM. les ministres de nous donner quelques explications. »

M. Guizot : « Je crois qu'il ne serait ni conforme à l'intérêt public ni à propos pour la Chambre d'entrer en ce moment dans aucun débat sur les interpellations que vient de nous adresser l'honorable M. Vavin. (Murmures.) Le roi vient de faire appeler en ce moment M. le comte Molé pour le charger... (Interruption bruyante et prolongée. Applaudissements dans les tribunes publiques. A gauche : Silence !) Le roi vient d'appeler en ce moment M. le comte Molé pour le charger de former un nouveau cabinet. Tant que le cabinet actuel sera chargé des affaires, il maintiendra ou rétablira l'ordre et fera respecter les lois selon sa conscience, comme il l'a fait jusqu'à présent. »

Ces paroles sont diversement accueillies par les députés du centre. Plusieurs d'entre eux s'approchent du banc des ministres et serrent la main de M. Guizot, d'autres manifestent une vive irritation. *Diverses voix* : « C'est une lâcheté !... c'est déshonorant !... Nous allons voir comment ils mèneront cela !... » Un grand tumulte règne dans la salle ; des groupes fort animés se forment de toutes parts. *Voix nombreuses au centre* : « Allons chez le roi ! allons chez le roi ! » On parle de lever la séance ; M. Crémieux s'écrie : « Non, nous ne levons pas la séance. »

Les propositions déposées hier pour demander la mise en accusation des ministres, avaient été renvoyées à l'examen des bureaux ou mises à l'ordre du jour de jeudi. M. Odilon Barrot demande qu'elles ne soient pas soumises à l'examen des bureaux demain. Les députés du centre demandent au contraire que la Chambre maintienne son ordre du jour. Alors M. Crémieux annonce qu'il vient déposer sur le bureau de la Chambre des pétitions remises à M. Marie député de la Seine, à M. Beaumont (de la Somme) et à lui, par un grand nombre de citoyens de Paris. Les députés du centre poussent de vives exclamations et quelques-uns s'écrient : « C'est la garde nationale qui délibère ! » M. Crémieux au milieu du bruit, répond : « Non ! non ! » et ensuite s'exprime en ces termes : « Puisqu'on a demandé le maintien de l'ordre du jour, il faut bien que je déclare ce que je dépose. Eh bien! je déclare que je dépose sur le bureau des pétitions d'un grand nombre de citoyens de Paris. (Nouvelles exclamations.) Les uns protestent contre la conduite des ministres, les autres demandent leur mise en accusation. »

Ces dernières paroles de M. Crémieux sont étouffées par les cris : *Assez ! Assez !* M. Crémieux, voyant qu'on ne veut pas l'écouter, dépose les pétitions sur le bureau du président, et le président en prononce le renvoi à la commission des pétitions, et revient à la question de l'ordre du jour. — Sur quoi ? demande une voix ; et il y a une grande agitation.

M. Odilon Barrot cherche à expliquer pourquoi l'ajournement de l'ordre du jour indiqué doit être prononcé. « J'avais cru, dit-il, que la conséquence naturelle, inévitable même de la réserve que M. le président du conseil montrait sur des interpellations qui lui étaient adressées, à raison de la gravité des circonstances et de la situation spéciale du cabinet ; j'avais cru, dis-je, que la conséquence naturelle et inévitable était l'ajournement de la discussion sur la proposition que j'ai déposée hier sur le bureau. En en parlant à M. le président (M. Sauzet), je lui avais déclaré que ce que je lui disais était parfaitement subordonné aux convenances de la Chambre et du ministère lui-même. Je n'ai donc rien à dire ; je n'ai qu'à me soumettre à ce que la majorité croira devoir décider. »

Une agitation en sens divers se manifeste, les centres voulant le maintien et toute la gauche l'ajournement de l'ordre du jour. M. Dupin fait valoir de nouvelles considérations en faveur de l'ajournement de la proposition déposée par M. Barrot. Ensuite, M. Guizot s'exprime en ces termes : «Messieurs, je disais tout à l'heure à la Chambre que tant que le cabinet actuel aurait l'honneur de rester chargé des affaires, il saura maintenir et rétablir l'ordre et faire respecter les lois. (Mouvement.) Pour son compte, il ne voit aucune raison à ce qu'aucun des travaux de la Chambre soit interrompu, à ce qu'aucune des questions soulevées ne reçoive sa solution. La couronne doit exercer librement sa prérogative ; la prérogative doit être respectée ; mais tant que le cabinet actuel restera aux affaires, tant qu'il sera assis sur ces bancs, rien ne doit être suspendu ni interrompu dans les travaux des grands pouvoirs de l'État ; le gouvernement est prêt à répondre à toutes les questions et à entrer dans tous les détails. C'est à la Chambre à décider.

M. Dupin répond à M. le président du conseil et termine en disant : « Le ministère, dans la situation provisoire où il se trouve placé, a besoin de consacrer ses efforts au maintien de l'ordre ; j'espère qu'il le fera noblement, efficacement ; mais vous voulez que dans un pareil moment la Chambre délibère sur une accusation portée contre le ministère ! qu'elle les oblige à s'occuper de leur propre défense ! cela est impossible. Malgré vous, messieurs les ministres, malgré la majorité, je demande l'ajournement. » Toute la gauche appuie ; on demande la clôture, et le président met aux voix l'ajournement, qui n'est pas adopté. M. de Genoude a voté avec les centres pour le maintien de l'ordre du jour. La séance est levée à quatre heures et la Chambre se sépare dans une émotion inexprimable.

C'est aussi, comme nous l'avons déjà dit, vers quatre heures qu'ont cessé les hostilités. Je parcourais alors différents quartiers où elles s'étaient engagées. C'est dans la rue Saint-Denis que j'ai vu les rassemblements changer d'attitude. Des gardes nationaux, les uns montant, les autres descendant la rue, annonçaient que tout était fini, que le ministère était changé. Ils criaient *Vive le roi ! vive Louis-Philippe ! et vive la réforme !* Les hommes et les enfants du peuple qui les accompagnaient proféraient les mêmes cris et chantaient la *Marseillaise.*

Des groupes se formaient à l'entrée de quelques rues transversales, et des individus disaient : Est-ce que c'est fini comme ça ? est-ce qu'on n'en verra pas un peu plus long ?

Il y avait de la troupe de ligne dans la rue Saint-Denis ; elle l'occupait et la barrait aux deux extrémités du marché des Innocents. Pour venir sur la rive droite, il fallait passer à travers les soldats ou prendre une autre direction ; voulant voir comment j'en serais accueilli, je m'avance vers la troupe et demande si je puis passer. Oui, Monsieur, me répondent plusieurs soldats, qui, en même temps, m'ouvrent passage. Je me trouve alors vis-à-vis de la bouche d'un canon placé au milieu de la rue en face de la fontaine. Je passe respectueusement à côté et vais visiter, pour la seconde fois de ce jour, un de mes amis, citoyen exerçant le commerce et républicain dès avant 1830. Cette affaire, me dit-il, qui pouvait forcer le Pouvoir à faire des concessions, n'aura aucun des résultats qu'on était en droit d'attendre. On annonce un changement de ministère ; on parle de Molé ; mais le ministère Molé ne sera que le ministère Guizot un peu moins hardi. Louis-Philippe ne veut rien lâcher, pas plus en fait de liberté qu'en fait d'écus ; au lieu de mettre du cœur, s'il en a, à faire en sorte que le peuple soit moins malheureux, il n'emploie, depuis dix-huit ans, les ressources de son esprit, qu'à le tromper et c'est encore, je le gage, ce qu'il veut faire aujourd'hui dans l'extrémité où il se trouve. C'est fini, dit-on. C'est fini ! peut-être. Car un ministère Molé ne peut satifaire les légitimes exigences du peuple, et le peuple veut des garanties sérieuses. Il les demande par la grande voix de l'émeute ; peut-être que son dernier mot n'est pas dit. Il n'avait ni chefs ni armes, ce matin ; mais il est doublement plus fort maintenant qu'il ne l'était tantôt : quelques avantages dus à son héroïsme et au bon esprit des troupes, doivent le rendre plus exigeant, et la soirée n'est pas passée. »

Vers cinq heures, comme pour justifier ces prévisions, le peuple se livre à quelques scènes violentes contre les municipaux, mais rentre presque aussitôt dans le calme. Ailleurs, il garde son attitude martiale et veille à la défense de plusieurs barricades. Il se porte à la préfecture de police pour faire mettre en liberté toutes les personnes arrêtées depuis hier. Des gardes nationaux élargissent également quelques prisonniers renfermés dans la mairie du troisième arrondissement.

Il est huit heures. Presque tout Paris présente l'aspect d'une fête. Tous les quartiers sont illuminés ; les rues Saint-Denis et St-Martin et toute la ligne des boulevards offrent un spectacle féerique. Des flots de peuple parcourent les rues avec des torches. Tous les citoyens de tous les rangs jouissent de ce spectacle improvisé ; les uns en habit bourgeois, les autres en uniforme de garde national se confondent avec les citoyens des classes inférieures ; tous ensemble se félicitent et manifestent leurs communes espérances. On chante des refrains patriotiques et on continue de crier *Vive la réforme !*

Une foule se porte rue Laffite et s'arrête devant l'hôtel Rothschild, aux cris de *Vive la réforme !* M. de Rothschild et son neveu paraissent au balcon, répètent le même cri et font illuminer leur hôtel.

Une autre foule considérable se présente devant l'hôtel du ministre de la justice, demandant que l'hôtel soit illuminé, et criant : *A bas Hébert ! A bas l'homme de la complicité morale !* L'hôtel s'illumine, et la foule, satisfaite de faire célébrer ainsi au ministre sa propre déchéance se retire joyeusement en paix.

La *Gazette de France*, dans son numéro du 1er février 1845, avait dit ou prédit : « Ce n'est pas au cri de *Vive la charte !* que les doctrinaires tomberont, c'est au cri de *Vive la réforme !* — C'est à la lueur des illuminations de la capitale que cela s'accomplira. »

J'entends bien le cri de *Vive la réforme !* et nullement celui de *Vive la charte !* Je vois bien aussi les illuminations de la capitale ; mais c'est tout. Il pourrait se faire que la *Gazette de France* ne fût pas complètement une vraie prophétesse. Quoique le ministère Guizot soit ou doive être remplacé par le ministère Molé, je ne vois pas dans ce changement la chute définitive des doctrinaires. Or, c'est cette chute définitive qu'annonce la *Gazette*, ou je ne m'y connais pas. Je ne garantirais point, sur la foi de la *Gazette*, que cette partie de sa prophétie soit sur le point de s'accomplir. A voir ce qui se passe dans cette soirée de réjouissance, le contentement qui brille sur tous les visages, comme les lampions sur toutes les fenêtres, et qui a sa cause dans l'avénement du ministère Molé, donne à croire que la chute des doctrinaires ne viendra que plus tard. Mais il convient de rappeler, en ce moment surtout, une vérité qu'on ne devrait jamais oublier. Elle est vieille comme le monde, et aucun jour ne s'est passé sans lui donner des preuves de fait et des témoignages d'hommes compétents. Le gouvernement avait commis je ne sais plus quelle faute grave (il en a tant commis !) ; l'Opposition lui en faisait un jour des reproches mérités. M. Guizot monta à la tribune pour excuser le gouvernement ; il disait : Nous voulons le bien, et faisons pour le réaliser tous nos efforts, et il se trouve que le bien que nous avons cru opérer est le mal. Messieurs, *l'homme s'agite et Dieu le mène.* Ce mot, ainsi arrangé par Bossuet, jeté, avec une humilité superbe, à la face de l'Opposition du haut de la tribune la désarma, parce qu'alors chacun en sentit la vérité.

Ce soir, à Paris, l'homme s'agite, le roi, Guizot, Molé, tristement; toute la population joyeusement, dans l'ivresse du triomphe et l'espérance de l'avenir.

Dix heures sont sonnées. Une multitude de citoyens et de citoyennes de tout rang et de toute profession se promènent sur le boulevard des Capucines; une colonne très-nombreuse, composée surtout d'ouvriers des faubourgs, descend le boulevard et se dirige vers l'hôtel du ministère des affaires étrangères. Elle vient d'entendre, devant la porte du *National*, les flatteurs accents d'admiration, de sympathie et d'encouragement de M. Marrast, rédacteur en chef de ce journal. Dans sa patriotique harangue, ce citoyen « lui a exposé ce qu'il lui semblait convenable de demander, afin que ce premier succès ne fût ni détourné ni escamoté (1). »

Il y avait au poste de l'hôtel des Affaires-Étrangères un bataillon d'un régiment de ligne, arrivé depuis quelques heures, étranger, par conséquent, à la garnison de Paris. La colonne dont nous parlons était conduite par un officier de la garde nationale; il était en costume, avait l'épée à la main, et portait son hausse-col. Il était comme de service. Il commandait, et ses ordres étaient exemplairement exécutés. Des relations disent que les hommes qui le suivaient étaient sans armes; d'autres que nous croyons plus exactes, en ce qui concerne ce dont il s'agit, disent qu'un certain nombre avaient des fusils et autres armes. Quoi qu'il en soit, la colonne s'avance vers l'hôtel occupé par M. Guizot, en chantant la *Marseillaise* et criant *Illuminez!* et *Vive la réforme!* Le bataillon de ligne, à la voix de son commandant, se range en bataille dans le travers du boulevard; le commandant de la colonne populaire, la précédant de quelques pas, lui ordonne de s'arrêter, et demande au commandant du bataillon de vouloir bien rendre le passage libre. Les deux chefs parlementent un peu de temps; la colonne s'avance pas à pas, et se trouve en contact avec les fantassins. Une cause quelconque, il y en a qui disent un coup de fusil tiré on ne sait d'où ni pourquoi, donna lieu au commandant de croire qu'il était attaqué et qu'il était de son devoir et de l'intérêt de sa vie et de celle de ses soldats de recourir à ce qu'il lui semblait être un moyen de salut. Nous ne savons pas ce qui se passa entre les

(1) Le *National* du 24 février.

deux commandants, ni entre les hommes de chacun d'eux quand ils furent en contact ; soit que le militaire ait oublié dans le débat qu'il doit faire des sommations avec une certaine solennité, soit qu'il pense n'avoir pas le temps de les faire, il commande le feu et cinquante-deux personnes tombent mortes ou blessées.

Voilà, certes, une scène bien déplorable. Tous ceux qui en sont témoins poussent un long cri d'horreur et d'épouvante. La colonne se divise par groupes du milieu desquels on crie : *Nous sommes trahis ! Vengeance ! Aux armes !* Un grand nombre se détachent et parcourent toute la ville en poussant les mêmes clameurs et en faisant un affreux récit de cette scène incroyable. Ils la présentent comme une atroce provocation et une horrible boucherie, comme un acte froidement ordonné par la tyrannie la plus exécrable et comme l'attentat le plus monstrueux qui ait jamais été commis contre les libertés publiques. Quoique leurs exagérations rendent ce fait encore plus incroyable, personne n'en doute, et tel est l'hommage que toute la population parisienne rend au gouvernement de Louis-Philippe ; — de Louis-Philippe, homme ambitieux et égoïste ; — de Louis-Philippe, prince ingrat, parjure et félon ; — de Louis-Philippe, roi présenté par quelques hommes abusés comme étant la personnification de la meilleure des républiques, et se faisant, lui tout seul, le pire des despotes.

Le commandant des fantassins vit bientôt sa fatale erreur, si c'était une erreur ; il ne cessera sans doute jamais de la déplorer. Mais s'il a tué ou blessé cinquante-deux personnes, ce qui, assurément, est un grand mal, il a tué aussi, du même coup, la monarchie de Louis-Philippe, ce qui, assurément, est un bien immense.

Les hommes du peuple s'occupèrent des infortunées victimes frappées sous leurs yeux. Après les avoir entassées dans un tombereau, ils les transportent, appelant la vengeance, aux bureaux du *National ;* là, leur rage éclate plus vive, et, dans les accents précipités de leur fureur, ils demandent à grands cris *des armes ! des armes !...* Le ciel et l'enfer leur en donneront ; ils le sentent ; tout leur dit qu'ils vengeront leurs frères, et pleins de confiance, ils conduisent, à la lueur des torches, le funèbre tombereau jusqu'à la place de la Bastille.

Aux armes ! tel est donc le cri cent mille fois répété, au milieu de la nuit, dans toutes les rues de Paris. En même temps on bat la générale ; bientôt on y mêle le son plus alarmant du tocsin.

Un groupe arrive à la place Saint-Sulpice et s'arrête devant la porte du clocher, qu'il fait ouvrir. Aussitôt deux hommes font tomber sur les habitants l'épouvante et l'effroi. Douze ou quinze minutes après, une décharge de fusils se fait sur la place ; c'est un peloton de gardes municipaux, qui a cru devoir employer ce moyen pour dissiper le rassemblement.

<hr>

V

24 FÉVRIER, — TROISIÈME JOUR (1).

Que Dieu, qui a fait ce jour, en écrive aussi l'histoire.

Grecs et Romains ne vous glorifiez plus d'avoir une armée d'historiens !... Il leur était facile de dire comment vous avez, tour à tour et dans une suite de siècles, ravagé le monde et livré les peuples à la tyrannie de quelques brigands couronnés ; mais de montrer comment quelques milliers d'humbles citoyens sans armes et sans chefs, ont pu, en face d'une armée de cent mille hommes et en quelques heures, accomplir la plus inattendue, la plus inespérée, la plus étonnante des révolutions, c'est impossible, impossible ! ! !

Comme le Pharaon oppresseur des Hébreux, Louis-Philippe a reçu des avertissements dont il n'a pas voulu tenir compte. Comme lui entêté, il s'est endurci, comme lui, de plus en plus. Chez l'un et chez l'autre, c'est la crainte de faire une concession ; c'est la même incertitude, la même indécision, la même déloyauté. Comme lui, enfin, il accorde tout, et c'est trop tard ; le peuple de Paris a dépavé sa ville comme l'ange exterminateur a tiré son épée. Plus de pardon ! plus de grâce !

L'homme n'a pas dit comment l'ange exterminateur délivra le peuple hébreu, l'homme ne dira pas d'avantage comment le peuple de Paris s'est trouvé délivré du moderne Pharaon, de sa dynastie, de ses ministres, en un mot, de tout le système gouvernemental, y compris le principe, les choses et les personnes.

(1) Le 24 février est le jour de saint Mathias, élu apôtre en remplacement du traître Judas. Cette journée ne se passera point sans qu'un nouveau gouvernement ne remplace celui de Louis-Philippe.

Tout ce que l'homme peut ici, c'est de constater le fait. Bornous-nous donc à ce rôle.

Ainsi que nous l'avons dit, l'alarme était répandue dans tout Paris, et la plus grande agitation régnait partout dans les quartiers du centre et sur les boulevards. Le peuple relève les barricades qui ont été démolies, fortifie les autres et en construit encore de nouvelles. Il fait toutes sortes de préparatifs d'attaque et de défense; il coupe les arbres sur les boulevards et sur les places, il descelle les bancs, arrache les grilles, abat les colonnes, renverse les candélabres, démolit les parapets. Dans les maisons, ceux-ci fabriquent de la poudre, ceux-là fondent des balles, d'autres confectionnent des cartouches, des femmes et des enfants font de la charpie, on prend toutes sortes de précautions utiles.

Cependant Louis-Philippe et ses amis errent dans le vague qui se trouve entre l'espoir et la crainte. A la fin, ils commencent à s'avouer qu'il pourrait bien y avoir quelque chose de périlleux dans leur situation; ils se décident à produire un nouveau ministère, celui qu'ils réservent pour les grandes crises. Le roi, à trois heures et demie du matin, dit le *Moniteur*, fait appeler M. Thiers. Or, voyez un peu l'illusion! S'ils comprennent que, malgré le ministère Molé, qui est honnête, le peuple ait repris une attitude hostile, comment peuvent-ils espérer que le ministère Thiers, qui n'est qu'habile, lui fera abandonner ses barricades? Comment ne voient-ils pas, eux, qui ne sont pas du tout aveugles, que le peuple ne verra, dans un ministère Thiers, qu'une scène de la comédie jouée par Louis-Philippe dans cette sanglante tragédie? Pourriez-vous expliquer cela, vous? Mais que le roi envoie chercher M. Thiers, ce n'est pas tout, M. Thiers viendra, n'en doutez pas. *Quos vult Jupiter perdere, dementat*, Thiers et Barrot, comme Philippe et Guizot.

Le jour paraît et multiplie le nombre des insurgés. On continue d'élever des barricades, et bientôt Paris présente un spectacle formidable: les amis du pouvoir en sont justement effrayés. Quelques petits engagements ont lieu sur plusieurs points.

Des affiches à la main, mais portant le cachet de l'administration urbaine, sont placardées: elles annoncent que le maréchal Bugeaud prend le commandement général des forces de Paris, armée et garde nationale; et cela, d'après deux Ordonnances du roi rendues hier, et insérées dans le *Moniteur* d'aujourd'hui. Elles annoncent encore que M. Thiers a été chargé de composer un nouveau cabinet, et a obtenu de s'adjoindre M. Odilon Barrot dans cette mission ; et cela d'après une note insérée dans le *Moniteur* du même jour. On les lit avec une complète indifférence.

La garde nationale, répondant aux appels qui ont été faits dans tous les quartiers, prend les armes et se réunit, soit aux mairies soit sur des places ; mais ses dispositions n'annoncent rien de favorable au Pouvoir.

De nouvelles collisions s'engagent entre les troupes et le peuple, cependant le peuple n'a presque encore ni chefs ni armes. Bientôt paraissent les élèves de l'école Polytechnique ; les uns se rendent dans les quartiers du centre pour prendre part aux combats ; les autres guident dans les rues des détachements de la garde nationale, suivis de citoyens de toutes les classes : ceux-ci demandent des armes, et on leur en donne. Les troupes qui stationnent sur les quais et les places qu'ils traversent, ne s'opposent point à leur passage, répondent même à leur salut.

En vain le maréchal Bugeaud a-t-il essayé de remplir ses fonctions de commandant en chef de l'armée.

On annonce qu'il est remplacé par le général de Lamoricière, dans le commandement supérieur de la garde nationale de Paris. Peu de temps après, cette nouvelle se confirme, ainsi que celle du ministère Barrot, par la proclamation suivante :

« Citoyens de Paris,

» L'ordre est donné de suspendre le feu. Nous venons d'être chargés par le roi de composer un ministère. La Chambre va être dissoute. Le général Lamoricière est nommé commandant en chef de la garde nationale de Paris. MM. Odilon Barrot, Thiers, Lamoricière, Duvergier de Hauranne, sont ministres.

» Liberté ! — Ordre ! — Union ! — Réforme ! »

Cette pièce, écrite à la hâte plus de six heures après que le roi avait appelé M. Thiers, porte les signatures Odilon Barrot et Thiers.

Les événements se succèdent avec rapidité ; il faut se dépêcher. En vain les dignes soutiens de la monarchie de Louis-Philippe se sont-ils hâté d'écrire cette proclamation et de la porter aux imprimeries du *Constitutionnel* et de la *Presse*.

Déjà le peuple s'est emparé de presque tous les postes de la ligne et de la garde municipale, de plusieurs casernes, de canons et de caissons. Déjà aussi une partie de la troupe a remis ses armes aux mains du peuple et fraternise avec lui, et maintenant le peuple a non-seulement des chefs et des armes, mais encore des munitions en quantité.

Quel est ce cortége qui sort de la rue Montmartre? C'est M. Odilon Barrot qui, comme Simon le Magicien, veut opérer des prodiges. Il s'est persuadé que sa présence et sa parole vont sauver la monarchie bâtarde dont il est un des trente-six pères. Voilà pourquoi il paraît parmi le peuple, sur les boulevards, depuis la rue Montmartre jusqu'à la rue Saint-Denis ; il est accompagné de M. Horace Vernet, en costume d'officier de la garde nationale, de MM. Oscar Lafayette, Quinette et autres députés. Il déploie toutes les ressources de son éloquence (il a beaucoup d'éloquence) pour engager les colonnes d'insurgés qu'il rencontre à se calmer et à rebrousser chemin. Ici, on n'a pas le temps de l'écouter ou de lui répondre ; plus loin, il entend dire de lui qu'il *est un blagueur comme Thiers*. La foule l'environne en poussant des cris confus. Il prend la direction de la rue Saint-Denis. Ceux qui l'accompagnent essaient de lui ouvrir un passage. La foule résiste ; il veut parler ; il dit que le roi appelle l'Opposition au gouvernement. Il aurait dit une foule de belles choses qu'hier on aurait écoutées ; mais aujourd'hui mille voix couvrent sa voix, en criant : *Il est trop tard !* Ce mot lui revient à juste titre, puisqu'il en est l'auteur. De même qu'avec ce mot fatal il avait enterré la monarchie de Charles X, qu'il aille aussi enterrer la monarchie et la dynastie de Louis-Philippe !

M. Barrot ne pouvant ni parler ni avancer, fait volte-face, ainsi que ses compagnons, et le peuple les laisse s'en retourner.

Il est vraisemblable que ce sont eux qui ont apporté à l'imprimerie de la *Presse* la proclamation rapportée plus haut. On se hâte de l'imprimer et de l'afficher ; le peuple, à son tour, se hâte de l'arracher et de la mettre en morceaux. A chaque pas qu'il fait, M. Barrot reçoit ce juste et agréable témoignage de l'estime du peuple.

M. Emile de Girardin jugeant insuffisant tout ce qu'annonçait la proclamation, ne voit de salut pour Louis-Philippe, que dans son abdication. Il se rend promptement aux Tuileries, où tout le monde est dans la consternation, mais où personne ne propose aucun moyen pour sortir d'embarras. Là se trouvaient MM. Thiers, de Lasteyrie, Dupin... Dupin, surnommé jadis le Sauveur. Comme ce dernier, ami séculaire de la famille, ne suggère nul moyen de salut, penserait-il, par hasard, que tout est si bien perdu que rien

ne peut être sauvé? Mais il ignore que le péril est encore plus
grand, plus imminent que ne le présentent ceux dont on reçoit des
nouvelles? M. de Girardin révèle tous les dangers de la situation,
et fait voir que chaque minute aggrave ces dangers. Le peuple
vient sur les Tuileries ; une abdication est la seule force qui puisse
l'arrêter. Cet dans cet espoir qu'est préparée la proclamation suivante

« Abdication du roi.

» Régence de madame la duchesse d'Orléans.

» Dissolution de la Chambre.

» Amnistie générale. »

Louis-Philippe tient à la couronne. « Abdiquer ! s'écrie-t-il. —
Oui, sire, sans hésiter, lui répond M. de Girardin ; une minute
de retard, et tout est perdu ! » Le roi, atterré, hésite ; il va tout
perdre ! Une fusillade éclate, et fait frémir les fenêtres des Tuileries. « Abdiquez, sire, ! » s'écrie avec véhémence le duc de Montpensier. Le roi reste immobile et interdit. La fusillade recommence; il se réveille, il se décide enfin.

Il se décide, et cette nouvelle se répand aussitôt vers midi et
demi dans le Carrousel et au-delà. On la fait afficher en un rien de
temps; il est encore trop tard ! *Tout est perdu !*

Déjà des insurgés, hommes du peuple et de la garde nationale,
ont attaqué le poste du Château-d'Eau, sur la place du Palais-
Royal, occupé par une compagnie du 14e de ligne. Là se passe la
scène la plus longue et la plus terrible de la révolution. Le poste
envoie pendant deux heures et sans relâche, une grêle de balles ;
c'est une lutte acharnée, c'est un assaut où la valeur enfante des
traits presque fabuleux. Les assiégés, guidés par un fatal amour
du devoir, ne veulent pas se rendre ; les assiégeants, excités par
l'ivresse de la liberté, ne veulent pas reculer. Comment donc fi-
nira cet homérique fait d'armes ? Voici qu'on amène sur la place
les voitures de la cour et qu'on y met le feu ; de braves citoyens
s'élancent du côté du café de la Régence derrière ces voitures qui
les protègent; et, ainsi placés à l'abri des balles, ils continuent à
tirer sur les soldats du poste. Le capitaine de la troisième légion
de la garde nationale, M. Jouanne, escalade la barricade construite
à l'entrée de la rue de Valois; M. Etienne Arago vient de la place
l'aider à descendre; la compagnie de M. Jouanne suit son capitaine, et est elle-même suivie de celle du capitaine Lesséré. L'arrivée de ces deux compagnies dans la lice impose aux assiégés.

La fusillade se ralentit ; encore quelques morts, quelques blessés, et le poste est au pouvoir des héros de la liberté, qui le livrent à l'incendie. On n'est pas d'accord sur ce que devinrent les soldats qui l'occupaient. Du Palais-Royal, dont le peuple a enfoncé les portes, et qu'il dévaste, on apporte des meubles brisés, des matelats, des tentures, etc., qu'on livre aux flammes avec les voitures de la cour ; et tels sont les feux de joie par lesquels le peuple célèbre sa victoire.

Mais à peine le poste a-t-il été pris qu'on s'est écrié : *Aux Tuileries! aux Tuileries!* Et à l'instant une immense colonne s'est formée de gardes nationaux et de citoyens de toutes les classes. Elle s'avance par la rue de Chartres, vers la place du Carrousel, en poussant le même cri, la garde municipale tente un inutile essai de défense ; la cavalerie, l'infanterie et l'artillerie qui sont sur cette place, ne font aucun mouvement ; les grilles sont ouvertes ; les forces qui remplissent la cour du château n'opposent aucune résistance, et le peuple marchant de surprise en surprise, prend possession du palais. Louis-Philippe ne fait que d'en sortir. Il y était entré par une révolution faite pour lui ; il en est sorti par une révolution faite contre lui. La reine et des princesses l'accompagnent, quelques personnes le suivent. On dit qu'il se rend à la Chambre des députés pour y faire proclamer la régence ; quoi qu'il en soit, le voilà sur la place de la Concorde, sur cette place où son père versa le sang d'une victime innocente. Arrivé sur l'asphalte qui entoure l'obélisque, il s'arrête, se retourne, prend son chapeau, l'élève en l'air ; il veut parler à la foule qui l'environne et le presse ; ses lèvres s'agitent : un bruit confus ne permet pas d'entendre ce qu'il dit, et ce bruit n'est pas celui de trois cents tambours qui, le 21 janvier, empêchaient la voix du juste de parvenir aux oreilles du peuple. Que voulait-il, sinon annoncer son abdication et proposer la régence, gagner la foule, s'appuyer sur elle et s'en faire un cortège pour se présenter devant la Chambre des députés? Mais si l'homme propose, Dieu dispose. Dieu donc, lui réservant une autre fin que celle qu'il trouverait dans quelques minutes, ici ou dans la Chambre, l'enlève pour ainsi dire aux dangers qui fondent sur lui et le fait entrer, lui et les siens, dans la voie de l'exil.

Roi-citoyen! fiction menteuse ! déception amère ! fourberie sanglante ! ta monarchie d'un jour est précipitée dans l'abîme où ton ambition a fait tomber la monarchie séculaire de tes aînés !

Peuple ! toi, trop bon, et qu'il s'est fait un jeu de tromper, la justice de Dieu t'a vengé !

Il est parti ! Une révolution, singulière comme sa royauté, une révolution inouïe, sans exemple, la révolution du mépris, l'a chassé !... Lui, qui a si lourdement pesé sur la France, on dirait que le vent l'emporte comme une paille légère !

Mais le drame n'est pas encore au dénouement ; il se continue dans quelques rues, surtout à la Chambre des députés. « Il est là, dit la *Presse* du 29 février, il est au Palais-Bourbon, autour de la tribune, où s'agite, autre débris, cette Opposition parlementaire qui sent l'ombre et la mort descendre sur elle à mesure que se lève le soleil de la grande, de la sérieuse liberté.

» Nous l'avons reproduite, cette dernière séance issue du pays légal ; nous l'avons reproduite avec la plus impassible, la plus inexorable de nos plumes, et encore nous ne nous sommes pas élevé à toute la hauteur de coloris qu'exigeait la situation. Le *Moniteur* seul a été intrépide. Seul, inébranlable, impassible, il est resté à son poste, tandis que tous nos sténographes enjambaient leur tribune, et venaient se mêler à ce tumulte sans nom, ce conflit de la parole et du fait, destiné à devenir quelque jour l'un des plus curieux endroits de l'histoire des révolutions de France.

» C'est dans le *Moniteur* qu'il faut lire cette scène inouïe, qui commence par un discours éploré de M. Dupin, se continue au milieu de l'invasion des tribunes, de la prise d'assaut de l'hémycycle par des citoyens en armes, des magnifiques paroles de M. de Lamartine emportées par lambeaux au souffle de mille colères, et que termine enfin ce cri jeté par-dessus les autres cris : *Le trône vient d'être brisé aux Tuileries et jeté par les fenêtres.* »

Nous devons également reproduire ici cette même séance ; et nous allons la reproduire telle qu'elle se trouve dans le *Moniteur*, à l'exception de ce qui ne présente aucun intérêt. Nous y ajouterons, en revanche, quelques détails qu'ont donnés d'autres journaux ; et ce sera plus que ce que nous aurons retranché ou analysé.

La Chambre donc était convoquée pour une heure dans les bureaux, et la séance publique devait être ouverte plus tard. Mais, pressé par les députés, M. le président se décide à ouvrir la séance publique à midi et demi.

M. Charles Laffitte et M. de Cambacérès proposent à la Chambre de se déclarer en permanence jusqu'à la fin de la crise. M. le président dit qu'il ne peut être question de permanence autre que celle-ci : la Chambre a ouvert sa séance, et elle restera ouverte tant qu'il ne sera point fait motion de la lever. — La séance demeure suspendue. Une vive agitation règne dans l'assemblée, dont tous les membres paraissent gravement préoccupés (1). Le nom de M. Odilon Barrot, qui, dit-on, a été nommé président du conseil, est prononcé par beaucoup de membres, qui semblent étonnés de son absence. Le bruit se répand de l'abdication du roi en faveur du comte de Paris, sous la régence de Mme la duchesse d'Orléans. — A une heure et demie, on annonce que cette princesse va se rendre avec son fils à la Chambre. — Au même instant, elle entre, tenant le comte de Paris d'une main, et le duc de Chartres de l'autre. De vives acclamations l'accueillent. Elle prend place, avec ses enfants, sur des siéges disposés à la hâte dans l'hémicycle, au pied de la tribune. Le duc de Nemours accompagne la princesse. Plusieurs officiers et des gardes nationaux lui servent d'escorte. — Un certain nombre de personnes, étrangères à la Chambre, entrent aussi dans la salle et se tiennent debout dans les deux couloirs. — Une grande anxiété se peint sur toutes les physionomies.

M. Lacrosse, au milieu du bruit, demande que la parole soit donnée à M. Dupin, qui vient d'amener M. le comte de Paris dans la Chambre. M. Dupin fait observer qu'il ne l'a pas demandée. Cependant, il la prend, disant :

Messieurs, vous connaissez la situation de la capitale, les manifestations qui ont eu lieu. Elles ont eu pour résultat l'abdication de S. M. Louis-Philippe, qui a déclaré en même temps qu'il déposait le pouvoir et qu'il le laissait à la libre transmission sur la tête du comte de Paris, avec la régence de Mme la duchesse d'Orléans. (Vives acclamations. — Cris nombreux: *Vive le roi! vive le comte de Paris! vive la régente!* — Messieurs, vos acclamations, si précieuses pour le nouveau roi et pour Mme la régente, ne sont pas les premières qui l'aient saluée; elle a traversé à pied les Tuileries et la place de la Concorde, escortée par le peuple, par

(1) Nous lisons dans l'*Union* : «Nous avons été vivement surpris en voyant paraître, à la Chambre des députés, M. Guizot. S'il avait été amené là par le courage du désespoir, nous n'avons pas le courage de le blâmer. Ses amis sont parvenus à lui faire comprendre qu'il ne pouvait plus se montrer, et il a quitté le Palais-Bourbon.

la garde nationale (Bravo! bravo!), exprimant ce vœu comme il est au fond de son cœur, de n'administrer qu'avec le sentiment profond de l'intérêt public, du vœu national, de la gloire et de la prospérité de la France. (Nouveaux bravos.) — M. Dupin descend de la tribune.)

Plusieurs membres · M. Barrot! M. Barrot à la tribune! — *D'autres membres* : Il est absent!—M. DUPIN, *de sa place* : Il me semble que la Chambre, par ses acclamations unanimes, vient d'exprimer un sentiment non équivoque qui doit être constaté.

Voix nombreuses : Oui! oui! — *Voix diverses à gauche et à l'extrême-gauche* : Non! non! attendons M. Barrot! Un gouvernement provisoire!

M. DUPIN. Je demande, en attendant, que l'acte d'abdication, qui nous sera remis probablement par M. Barrot, soit parvenu, que la Chambre fasse inscrire au procès-verbal les acclamations qui ont accompagné ici et salué dans cette enceinte le comte de Paris, comme roi de France, et Mme la duchesse d'Orléans comme régente, sous la garantie du vœu national. (Oui! oui! Bravo! — Non! — Vive et universelle agitation.)

M. LE PRÉSIDENT. Messieurs, il me semble que la Chambre, par ses acclamations unanimes...

(Approbation au centre. — Réclamations à gauche et à droite et de la part des spectateurs qui sont entrés dans les couloirs.)

M. DUPIN. Je constate avant tout les acclamations du peuple et de la garde nationale...

(M. Marie demande la parole et monte à la tribune. — Le bruit et l'agitation l'empêchent de se faire entendre.)

M. de Lamartine parle au milieu du bruit; sur son observation, le président annonce que la séance est suspendue jusqu'à ce que Mme la duchesse d'Orléans et le nouveau roi se soient retirés. Le duc de Nemours et plusieurs députés s'approchent de la princesse et paraissent l'engager à se retirer; elle semble s'y refuser et garde sa place. — Le bruit et l'agitation redoublent. — Le président réclame le silence et le respect de tous en présence de la princesse et de son fils. — M. Marie occupe toujours la tribune. — La princesse et ses enfants sont debout dans l'hémicycle, comme abandonnés au flux et au reflux de la foule qui se jette dans l'espace ouvert devant la tribune. Des députés se tiennent auprès d'eux. A droite, une véritable lutte s'engage entre des officiers de la garde nationale et des députés. Le duc de Nemours est auprès de la princesse. M. Oudinot demande que, si elle désire se retirer, toutes les issues lui soient ouvertes, et que, si elle demande à rester, elle reste. « Elle aura raison, dit-il, car elle sera protégée par notre dévouement. »

M. le président, considérant que la Chambre ne peut délibérer en présence de personnes qui lui sont étrangères, invite inutilement ces personnes à se retirer. Des voix crient : Non ! non ! — Après être restée un instant livrée, pour ainsi dire, à tous les mouvements de la tempête parlementaire, Mme la duchesse d'Orléans semble céder aux invitations qu'on lui adresse ; précédée du duc de Nemours et suivie de ses deux enfants, elle monte les degrés de la salle par le couloir du centre, qui conduit à la porte placée au-dessous de l'horloge. Arrivée aux derniers bancs du centre gauche, elle y prend place, toujours entourée de députés et d'officiers de la garde nationale, au milieu des acclamations de la Chambre presque entière. MM. les députés de l'extrême-gauche restent impassibles à leurs places. Le nombre des gardes nationaux et des personnes étrangères à la Chambre augmente à chaque instant dans les couloirs.

M. le président invite de nouveau, et encore inutilement, les personnes étrangères à la Chambre à se retirer. C'est inutilement aussi que M. Marie, s'adressant aux gardes nationaux en armes, leur dit : « Messieurs, sortez, pour que la Chambre puisse délibérer. » — On lui répond, comme au président : Non ! non ! — En ce moment, M. Odilon-Barrot entre dans la salle. Un grand nombre de députés l'entourent. — M. Dosmont dit qu'il faut laisser parler M. Barrot. — M. Marie, qui est depuis longtemps à la tribune, se dispose à prendre la parole. — Plusieurs membres préfèrent entendre M. Barrot. — M. Crémieux les engage à laisser parler M. Marie.

M. MARIE. Messieurs, dans la situation où se trouve Paris, vous n'avez pas un moment à perdre pour prendre des mesures qui puissent avoir autorité sur la population. Depuis ce matin, le mal a fait d'immenses progrès, et, si vous tardez encore à prendre des mesures par des délibérations inutiles, vous ne savez pas jusqu'à quel point le désordre peut aller ; il est donc urgent de prendre un parti. Quel parti prendre ? On vient de proclamer la régence de Mme la duchesse d'Orléans ; vous avez une loi qui a nommé le duc de Nemours régent ; vous ne pouvez pas faire aujourd'hui une régence ; c'est certain : il faut que vous obéissiez à la loi. Cependant il faut aviser ; il faut, à la tête de la capitale comme à la tête de tout le royaume, d'abord un gouvernement imposant ; je demande qu'un gouvernement provisoire soit institué. (Bravo ! bravo ! dans les tribunes.) Quand ce gouvernement aura été constitué, il avisera ; il pourra aviser, concurremment avec les Chambres, et il aura autorité dans ce pays ; ce parti pris à l'instant même, le faire connaître dans Paris, c'est le seul moyen d'y rétablir la tranquillité : il ne faut pas, en pareil moment, perdre son temps en vains discours. — Voici, messieurs, ma proposition : je demande que sur-le-champ un gouvernement provisoire soit organisé.

(M. de Genoude se dirige vers la tribune ; plusieurs membres l'engagent à ne pas prendre la parole.)

M. DE GENOUDE. Je n'ai pas d'autres intérêts que les intérêts du pays.— *Plusieurs membres* : Laissez vos intérêts de côté.

M. CRÉMIEUX. Dans un pareil moment, il est impossible que tout le monde soit d'accord, pour proclamer Mme la duchesse d'Orléans pour régente, et M. le comte de Paris pour roi ; la population ne peut pas accepter immédiatement cette proclamation ; en 1830, nous nous sommes fort hâtés ; et nous voici obligés, en 1848, de recommencer. (Bravo ! bravo !) Nous ne voulons pas, messieurs, nous hâter en 1848 ; nous voulons procéder régulièrement, légalement, fortement. Le gouvernement provisoire... (Bravo ! bravo !) que vous nommerez, ne sera pas seulement chargé de maintenir l'ordre, mais de nous apporter ici des institutions qui protégent toutes les parties de la population, ce qui lui avait été promis et ce qu'il n'a pas pu trouver depuis 1830. (Bravo ! bravo !) — Quant à moi, je vous le déclare, j'ai le plus profond respect pour Mme la duchesse d'Orléans... (Bravo ! bravo !) — (Ces bravos, qui partent des bancs du centre, sont étouffés par des cris et par le tumulte des tribunes...) et j'ai conduit tout-à-l'heure (j'ai eu ce triste honneur) la famille royale jusqu'aux voitures qui l'emportent dans son voyage ; je n'ai pas manqué à ce devoir, et j'ajouterai que toutes les populations qui étaient répandues sur la route ont parfaitement accueilli le malheureux roi et sa malheureuse famille. (Rumeur tumultueuse.) Mais maintenant, messieurs, la généralité de la population parisienne, la fidèle garde nationale, ont manifesté leur opinion légale ; eh bien ! la proclamation qui vous est proposée dans ce moment violerait la loi qui est déjà portée. — Nommons un gouvernement provisoire ; qu'il soit juste, ferme, vigoureux, ami du pays, auquel il puisse parler, pour lui faire comprendre que, s'il a des droits que tous nous saurons lui donner, il a aussi des devoirs qu'il doit savoir remplir.

Croyez-nous un peu, nous vous en supplions ; nous sommes arrivés aujourd'hui à ce que devait nous donner la révolution de Juillet ; nous n'avons pas voulu le changement de quelques hommes ; sachons profiter des événements , et ne laissons pas à nos fils le soin de renouveler cette révolution. — Je demande l'institution d'un gouvernement provisoire composé de cinq membres. (Approbation à gauche dans les tribunes.)

M. DE GENOUDE. Je le demande à tout le monde... (Interruption.) Vous ne pouvez faire ni un gouvernement provisoire, ni une régence ; il faut que la nation soit convoquée, si vous avez quelque chose à faire. (Interruption.) Je dis qu'il n'y a rien sans le consentement du peuple. C'est comme en 1830 , vous ne l'avez pas appelé, voyez ce qui vous arrive ; ce sera la même chose, et vous verrez les plus grands malheurs surgir de ce que vous ferez aujourd'hui. (Agitation.)— (1)

(1) Ce que nous venons de citer, depuis que M. Marie a pris la parole, est tiré du *Moniteur*. Quant à la partie du débat depuis que M. Crémieux a cessé de parler, la *Gazette* la rapporte dans les termes suivants :

M. DE GENOUDE paraît à la tribune. (Bravo ! bravo ! dans les tribunes publiques.) M. Odilon Barrot paraît en même temps que lui et veut parler. — M. de Genoude réclame vivement son tour de parole. (*Voix du peuple :* Parlez, M. de Genoude !)

M. DE GENOUDE : Messieurs, je viens protester contre une régence faite sans le consentement de la nation. C'est une usurpation des droits du peuple. Jamais en France une régence n'a été proclamée que par la nation. (Bravo ! bravo !) —La Chambre ne peut pas plus nommer un gouvernement provisoire qu'une régence. Vous ne pouvez, ici, que reconnaître les droits du peuple, car tout le monde est compétent pour cela : et c'est un devoir pour chacun de vous. Si vous ne le faites pas, c'est au peuple, qui maintenant est debout pour reconquérir l'égalité des droits politiques , à nommer un gouvernement provisoire dont le devoir sera d'appeler la nation. —Ne renouvelez pas, messieurs, la faute de 1830, quand on a nommé à l'Hôtel-de-Ville un gouvernement, sans consulter la France ; car, je vous le déclare, vous appelleriez sur ce gouvernement les mêmes malheurs que viennent de subir ceux qui sont tombés aujourd'hui, et vous dévoueriez à des calamités certaines ceux qui sont devant nous, et que vous prétendez servir. (Exclamation violente au centre, longs applaudissements dans les tribunes publiques.)

M. ODILON-BARROT. (Écoutez! écoutez!) Jamais nous n'avons eu plus besoin de sang-froid et de prudence! (C'est vrai!) Puissiez-vous être tous unis dans un même sentiment, celui de sauver le pays du plus détestable des fléaux, la guerre civile! (Très-bien! très-bien!) Les nations ne meurent pas, mais elles peuvent s'affaiblir dans des dissensions intestines, et jamais la France n'a eu plus besoin de toute sa grandeur et de toute sa force.

Notre devoir est tout tracé. 'Il a heureusement cette simplicité qui saisit toute une nation; il s'adresse à ce qu'elle a de plus généreux et de plus intime, à son courage, à son honneur.

La couronne de Juillet repose sur la tête d'un enfant et d'une femme. (Vives acclamations au centre.)

(Mme la duchesse d'Orléans se lève et salue l'assemblée. Elle invite le comte de Paris à l'imiter, ce qu'il fait.)

M. ODILON BARROT. Je fais un acte solennel...

M. DE LAROCHEJAQUELEIN. Vous ne savez ce que vous faites.

(Mme la duchesse d'Orléans se lève comme pour parler.)

Plusieurs voix : Ecoutez! écoutez! Laissez parler Mme la duchesse.

D'autres membres : Continuez, M. Barrot!

M. ODILON-BARROT. C'est au nom de la liberté politique dans notre pays, c'est au nom des nécessités de l'ordre surtout, au nom de notre union et de notre accord, dans des circonstances si difficiles, que je demande à tout mon pays de se rallier autour de ses représentants, de la révolution de Juillet. Plus il y a de grandeur et de générosité à maintenir et à relever ainsi la pureté et l'innocence, et plus mon pays s'y dévouera avec courage. Quant à moi, je serai heureux de consacrer mon existence, tout ce que j'ai de facultés dans ce monde, à faire triompher cette cause, qui est celle de la vraie liberté dans mon pays. (Bravos au centre.)

M. DE LAROCHEJAQUELEIN. Je demande la parole.

M. ODILON-BARROT. Est-ce que par hasard on prétendrait remettre en question ce que nous avons décidé par la révolution de Juillet? (Très-bien! très-bien!) — (1)

Messieurs, la circonstance est difficile, j'en conviens, mais il y a dans ce pays de tels éléments de grandeur, de générosité et de bon sens, que je suis convaincu qu'il suffit de leur faire appel

_____

(1) D'autres journaux, au lieu de : *Très-bien! très-bien!* rapportent qu'on s'écria : *Mais, oui, très-bien!*

pour que la population de Paris se lève autour de cet étendard.

(Ce qui précède, depuis que M. Barrot a pris la parole, est tiré du *Moniteur*.)

Si M. Barrot n'était pas *aveugle* ces jours passés, il l'est en ce moment; c'est clair. Il prononce encore beaucoup de paroles que rapporte le journal officiel, toutes en faveur des prétendus droits de la couronne représentés par la régence de la duchesse d'Orléans. On ne l'écoute pas.

M. DE LAROCHEJAQUELEIN (1). Nul plus que moi ne respecte et ne sent profondément ce qu'il y a de beau dans certaines situations.

Je n'en suis pas à ma première épreuve. — Je répondrai à l'honorable M. Odilon Barrot que je n'ai pas la folle prétention de venir ici élever des prétentions contraires; non; mais je crois que M. Odilon Barrot n'a pas servi, comme il aurait voulu les servir, les intérêts pour lesquels il est monté à cette tribune, en s'avançant autant qu'il l'a fait. (Bruit.) Messieurs, il appartient peut-être bien à ceux qui, dans le passé, ont toujours servi les rois, de parler maintenant du pays et de parler du peuple!

Quelques voix : Bien! très-bien!

M. DE LAROCHEJAQUELEIN. Aujourd'hui, vous n'êtes rien ici; vous n'êtes plus rien!...

Au centre : Comment donc! comment donc!

M. DE MORNAY. Nous ne pouvons accepter cela.

M. LE PRÉSIDENT. Monsieur, vous vous écartez de l'ordre; je vous rappelle à l'ordre (2).

M. DE LAROCHEJAQUELEIN. Permettez-moi de parler.

Quand je dis que vous n'êtes rien, en vérité je ne croyais pas soulever des orages. Ce n'est pas moi, député, qui vous dirai que la Chambre des députés n'existe plus comme Chambre. Je dis qu'elle n'existe plus comme..... (Interruptions.) Je dis, Messieurs, qu'il faut convoquer la nation, et alors...

(En ce moment, une foule d'hommes armés, gardes nationaux, étudiants, ouvriers, pénètre dans la salle des séances et arrive jusqu'à l'hémicycle. Plusieurs sont porteurs de drapeaux. Un tumulte général se produit dans l'assemblée. La plupart des membres siégeant aux bancs des centres refluent vers les banquettes supérieu-

---

(1) Tout ce qui suit, jusqu'à la fin, est littéralement tiré du *Moniteur*.

(2) Les paroles de M. de Larochejaquelein n'en sont pas moins l'expression vraie de la situation.

res. Les cris : *Nous voulons la déchéance du roi! la déchéance! la déchéance!* sont poussés par ceux qui paraissent marcher à la tête de la foule.)

M. DE MORNAY. Monsieur le président, suspendez, mais ne levez pas la séance en ce moment.

M. LE PRÉSIDENT, *se couvrant* : Il n'y a point de séance en ce moment (1).

(Un orateur étranger à la chambre, M. Chevallier, ancien rédacteur de la *Bibliothèque historique*, escalade la tribune. — (Cris et confusion générale.) — Messieurs, dit cet orateur, croyez à la modération de mes paroles. (Bruit.) — Vous n'avez pas le droit de parler! — Je viens vous proposer le seul expédient qui puisse vous tirer d'embarras. Si vous voulez sauver la situation, vous n'avez qu'une chose à faire. Écoutez-moi!...... Gardez-vous de proclamer sans droit le comte de Paris ; mais que la duchesse d'Orléans et le comte de Paris aient le courage de se rendre sur les boulevards, au milieu du peuple et de la garde nationale, je réponds de leur salut. Si le peuple ne consent pas à lui déférer le pouvoir....

Voix dans la foule : Vive la république! (Assez! assez!)

M. CHEVALLIER. La seule chose que vous ayez à faire en ce moment, c'est de nous donner un gouvernement, c'est de le faire à l'instant même; vous ne pouvez pas laisser toute une population sans magistrats, c'est le premier besoin que vous ayez à satisfaire... (Le bruit couvre la voix de l'orateur.) Il faut que le comte de Paris soit porté sur le pavois aux chambres.

Un membre de la Chambre : Il est venu ici tout-à-l'heure!

M. CHEVALLIER. Il est ici! si vous hésitez... (2)

Les regards se portent vers le sommet de l'amphithéâtre où s'étaient assis la duchesse d'Orléans et ses enfants. Au moment de l'invasion de la salle par la multitude, la princesse, les princes et

(1) Le président, dit un autre compte rendu de la séance, s'était couvert, de toutes parts on s'écrie : *À bas le président! Respect à la volonté du peuple!* — Un garçon de salle enlève généreusement à M. Sauzet son chapeau. — Le duc de Nemours a son chapeau sur la tête : un homme en blouse monte auprès de lui, et l'invite à l'ôter par égard pour le peuple. Une contestation très-vive s'engage autour du prince que des gardes nationaux semblent protéger.

(2) Dans le *Moniteur*, ces paroles: « Il est ici! si vous hésitez... » appartiennent au *membre de la chambre*. Nous croyons qu'elles sont de M. Chevallier.

ceux qui les accompagnaient sortent par la porte qui fait face à la tribune (1).

M. CHEVALLIER. Vous êtes sûrs de voir proclamer la république... (Le trouble et la confusion sont à leur comble.)

Un citoyen en costume d'officier, qu'on nous dit être M. Dumoulin, commandant de l'Hôtel-de-Ville en 1830, monte à la tribune et pose sur le marbre la hampe d'un drapeau tricolore.

Messieurs, s'écrie M. Dumoulin, le peuple a reconquis son indépendance et sa liberté aujourd'hui comme en 1830 : vous savez que le trône vient d'être brisé aux Tuileries, et jeté par la fenêtre.

(MM. Crémieux, Ledru-Rollin et de Lamartine paraissent en même temps à la tribune. — *Voix dans la foule.* Plus de Bourbons ! — A bas les traîtres ! — Un gouvernement provisoire immédiatement. — (Clameurs confuses. — Beaucoup de députés se retirent par la porte du fond.)

M. LEDRU-ROLLIN, *s'adressant aux hommes de la foule.* Au nom du peuple que vous représentez, je vous demande un instant de silence. — *Voix du peuple.* Au nom de M. Ledru-Rollin, silence !

M. LEDRU-ROLLIN. Messieurs, au nom du peuple, je vous demande un instant de silence !

Un homme du peuple. Un gouvernement provisoire !

(1) Un autre journal dans son compte rendu de la séance, donne les détails suivants :

Une scène dont rien ne peut donner l'idée règne pendant quarante minutes dans la salle. Plusieurs drapeaux tricolores apparaissent sur la tribune, et un grand nombre de gardes nationaux et d'ouvriers y montent successivement et parlent sans qu'on puisse les entendre. Des coups de feu se font entendre dans les couloirs de la Chambre; les portes sont forcées, toutes les tribunes sont envahies : vingt jeunes gens qui viennent, disent-ils, de boire aux Tuileries le vin de Louis-Philippe, envahissent la tribune des journalistes. Quelques-uns couchent en joue M. Sauzet ; plusieurs d'entre nous relèvent les armes, et supplient les jeunes gens de ne pas faire feu. Ils sont d'une grande docilité et s'asseoient à nos côtés. — Dans le mouvement général que fait l'entrée du peuple dans la salle des séances, on fait sortir la princesse, ses enfants et le duc de Nemours par la porte qui se trouve au fond du couloir supérieur de la gauche. — Il paraît que la princesse, arrivée dans la salle des conférences, s'est vue séparée de ses enfants par la foule ; on a eu beaucoup de peine à la faire sortir par le jardin de la présidence. Le duc de Nemours, pressé par le peuple, s'est vu enlever ses épaulettes et son chapeau ; enfin, protégé par la garde nationale, il a pu descendre par la rue de Bourgogne, où, dit-on, une voiture l'attendait.

M. Mauguin. Soyez tranquilles ; vous aurez un gouvernement provisoire.

M. Ledru-Rollin. Au nom du peuple partout en armes, maître de Paris quoi qu'on fasse (Oui! oui!) je viens protester contre l'espèce de gouvernement qu'on est venu proposer à cette tribune. (Très-bien! très-bien! — Bravos dans la foule.) Je ne fais pas comme vous une chose nouvelle, car en 1842, lors de la discussion de la loi de régence, seul dans cette enceinte j'ai déclaré qu'elle ne pouvait être faite sans un appel au pays. (C'est vrai! — Très-bien!)

M. de Larochejaquelein. Et moi donc !

Une voix. Oui! Larochejaquelein aussi.

M. Ledru-Rollin. On vient tout à l'heure de vous parler de la glorieuse révolution de 1789. Prenons bien garde que les hommes qui en parlent ainsi n'en connaissent pas le véritable esprit, et ne veuillent pas surtout en respecter la constitution. — En 1791, dans le texte même de la constitution, on a déclaré que l'assemblée constituante, l'assemblée constituante, comprenez-le bien , avec des pouvoirs spéciaux, n'avait pas le droit de faire une loi de régence, et qu'il fallait un appel au pays pour la faire.

Voix nombreuses. Oui! oui! c'est évident.

M. Ledru-Rollin. C'est le texte même de la constitution de 1791.

Or , messieurs, depuis deux jours nous nous battons pour le droit. Eh bien! si vous résistez, si vous prétendez qu'un gouvernement par acclamation, un gouvernement éphémère, qu'emporte la colère révolutionnaire, si vous prétendez que ce gouvernement existe, nous nous battrons encore au nom de la constitution de 91 qui plane sur le pays, qui plane sur notre histoire, et qui veut qu'il y ait un appel fait à la nation pour qu'une régence soit possible.

Une voix. Ce n'est pas possible autrement.

M. Ledru-Rollin. Ainsi, pas de régence possible...

Voix nombreuses. Nous n'en voulons pas.

M. Ledru-Rollin. Pas de régence possible, ainsi qu'on vient d'essayer de l'implanter d'une façon que je dirais véritablement singulière et usurpatrice.— Comment! tout à coup, sans nous laisser délibérer, vous-même, majorité, venir briser la loi que vous avez faite contre nos efforts en 1842 ! vous ne le voudriez pas. C'est un expédient qui n'a pas de racine dans le pays. — Au nom même du droit que, dans les révolutions même, il faut savoir respecter, car on n'est fort que de droit, je proteste au nom du peuple contre votre nouvelle usurpation. (Bravo! bravo! — Vive Ledru-Rollin!) Vous avez parlé d'ordre, d'effusion de sang. Ah! l'effusion de sang nous touche, car nous l'avons vue d'aussi près que personne. Eh bien! nous vous déclarons encore ceci : l'effusion de sang ne peut cesser que quand les principes et le droit seront satisfaits ; ceux-là même qui viennent de se battre, se battront ce soir si l'on méconnaissait leurs droits. (Oui! oui!) Au nom du peuple qui est tout, je vous demande quelle espèce de garanties votre gouvernement, qu'on intronisait, qu'on essayait d'introniser tout à l'heure, quelles garanties il nous donne? (Bravos dans la foule.)

Une personne qui s'est assise sur les bancs du centre, en face de la tribune, se lève et s'écrie : « Je déclare que les paroles qui sont proférées ici... » (Interruption.)

Les députés qui se trouvent placés près de cette personne l'invitent à se taire. — Non! non! s'écrie-t-elle, je proteste... — Bruit général. — L'interlocuteur est entraîné hors de la salle par les efforts mêmes des députés.)

M. Berryer, s'adressant à M. Ledru-Rollin. Pressez la question! concluez! un gouvernement provisoire!

M. Ledru-Rollin. Messieurs, en parlant au nom du peuple, j'ai la prétention, je le répète, de rester dans le droit, et j'invoque deux souvenirs. (Concluez! concluez!)

En 1815, Napoléon a voulu abdiquer en faveur du roi de Rome. Le pays était debout, le pays s'y est refusé.—En 1830, Charles X a voulu abdiquer en faveur de son petit-fils; le pays était debout, le pays s'y est refusé.

M. Berryer. Concluez! nous connaissons l'histoire.

M. Ledru-Rollin. Aujourd'hui le pays est debout, et vous ne pouvez rien faire sans le consulter. Je demande donc, pour me résumer, un gouvernement provisoire (Oui! oui!) non pas nommé par la Chambre (Non! non!) mais par le peuple. Un gouvernement provisoire, et un appel immédiat à une convention qui régularise les droits du peuple. (Bravo! bravo!)

(M. de Lamartine, qui est resté à la tribune, s'avance pour prendre la parole.)

Plusieurs voix. Lamartine! Lamartine! (Les applaudissements éclatent. — Écoutez! écoutez!)

M. de Lamartine. Je partage aussi profondément que qui que ce soit parmi vous le double sentiment qui agitait tout à l'heure cette enceinte, en voyant un des spectacles les plus touchans que puis-

sent présenter les annales humaines, celui d'une princesse auguste
se défendant avec son fils innocent, et venant se jeter du milieu
d'un palais désert, au milieu de la représentation du peuple. (Très-
bien ! très-bien ! — Ecoutez ! écoutez ! — On n'a pas entendu, ré-
pétez !)

Je demande à répéter ma phrase, et je vous prie d'attendre celle
qui va suivre. Je disais, messieurs, que j'avais partagé aussi profondément que qui que ce soit dans cette enceinte le double
sentiment qui l'avait agitée tout à l'heure. Et ici je ne fais aucune
distinction, car le moment n'en veut pas entre la représentation nationale et la réprésentation des citoyens de tout le peuple, et de
plus, c'est le moment de l'égalité; et cette égalité ne servira, j'en
suis sûr, qu'à faire reconnaître la hiérarchie de la mission que des
hommes spéciaux ont reçue de leur pays, pour donner, non pas
l'appaisement, mais le premier signal du rétablissement de la concorde et de la paix publique. (Bravo ! bravo !)

Mais, messieurs, si je partage cette émotion qu'inspire ce spectacle attendrissant des plus grandes catastrophes humaines, si je
partage le respect qui vous anime tous à quelque opinion que vous
apparteniez dans cette enceinte, je n'ai pas partagé moins vivement le respect pour ce peuple glorieux qui combat depuis trois
jours pour redresser un gouvernement perfide, et pour rétablir
sur une base désormais inébranlable l'empire de l'ordre et l'empire de la liberté. (Applaudissements.)

Mais, messieurs, je ne me fais pas l'illusion qu'on se faisait tout
à l'heure à cette tribune; je ne me figure pas qu'une acclamation
spontanée arrachée à une émotion et à un sentiment publics puisse constituer un droit solide et inébranlable, et un gouvernement
de 35 millions d'hommes.

Je sais que ce qu'une acclamation proclame, une autre acclamation peut l'emporter, et quel que soit le gouvernement qu'il plaise
à la sagesse et aux intérêts de ce pays de se donner, dans la crise
où nous sommes, il importe au peuple, à toutes les classes de la
population, à ceux qui ont versé quelques gouttes de leur sang
dans cette lutte, de cimenter un gouvernement populaire, solide,
inébranlable enfin. (Applaudissements.)

Eh bien ! messieurs, comment le faire ? Comment le trouver parmi ces éléments flottants, dans cette tempête où nous sommes tou
emportés, et où une vague vient surmonter à l'instant même la
vague qui vous a emportés jusque dans cette enceinte ? Comment

trouver cette base inébranlable, en descendant dans le fond même du pays, en allant extraire, pour ainsi dire, ce grand mystère du droit national, d'où sort tout ordre, toute vérité, toute liberté. C'est pour cela que, loin d'avoir recours à ces subterfuges, à ces surprises, à ces émotions dont un pays, vous le voyez, se repent tôt ou tard (Oui! oui !) lorsque ces fictions viennent à s'évanouir, en ne laissant rien de solide, de permanent, de véritablement populaire et d'inébranlable sous les pas du pays ; c'est pour cela que je viens appuyer de toutes mes forces la double demande que j'aurais faite le premier à cette tribune, si on m'avait laissé monter au commencement de la séance, la demande, d'abord d'un gouvernement, je le reconnais, de nécessité, d'ordre public, de circonstance, d'un gouvernement qui étanche le sang qui coule, d'un gouvernement qui arrête la guerre civile entre les citoyens. (Acclamations.)

(L'un des hommes de la foule qui est debout devant l'hémicycle remet son sabre dans le fourreau, en disant : Bravo ! bravo !)

M. DE LAMARTINE. D'un gouvernement qui suspende ce malentendu terrible qui existe depuis quelques années entre les différentes classes de citoyens, et qui, en nous empêchant de nous reconnaître pour un seul peuple, nous empêche de nous aimer et de nous embrasser. (Très-bien! très-bien !)

Je demande donc que l'on constitue à l'instant, du droit de la paix publique, du droit du sang qui coule, du droit du peuple qui peut être affamé du glorieux travail qu'il accomplit depuis trois jours, je demande que l'on constitue un gouvernement provisoire (Bravo ! bravo !...) un gouvernement qui ne préjuge rien, ni de nos droits, ni de nos ressentiments, ni de nos sympathies, ni de nos colères, sur le gouvernement définitif qu'il plaira au pays de se donner quand il aura été consulté. (C'est cela ! c'est cela !) Je demande donc un gouvernement provisoire. (Oui ! oui !)

De toutes parts. Les noms des membres du gouvernement provisoire.

(Plusieurs personnes présentent une liste à M. de Lamartine).

M. DE LAMARTINE. Attendez ! Ce gouvernement provisoire aura pour mission, selon moi, pour première et grande mission, d'établir la trève indispensable et la paix publique entre les citoyens ; de préparer à l'instant les mesures nécessaires pour convoquer le pays tout entier, et pour le consulter, pour consulter la garde nationale tout entière (Oui ! oui !) le pays tout entier, tout ce qui porte dans son titre d'homme les droits du citoyen. (Applaudissements prolongés.)

Un dernier mot.

Les pouvoirs qui se sont succédé depuis cinquante ans...

(A ce moment on entend retentir du dehors des coups violents aux portes de l'une des tribunes publiques. Les portes cèdent bientôt sous des coups de crosses de fusils. Des hommes du peuple mêlés de gardes nationaux y pénètrent en criant : « A bas la Chambre ! pas de députés ! » Un de ces hommes a poussé le canon de son fusil dans la direction du bureau. Les cris : « Ne tirez pas ! ne tirez pas ! c'est M. de Lamartine qui parle ! » retentissent avec force. Sur les instances de ses camarades, l'homme relève son fusil.)

M. le président, qui est resté au fauteuil, réclame le silence en agitant violemment sa sonnette.

(Le bruit et le tumulte acquièrent la plus grande intensité.)

M. LE PRÉSIDENT. Puisque je ne puis obtenir le silence, je déclare la séance levée. — M. Sauzet quitte le fauteuil après avoir prononcé ces paroles. — Ici, l'assemblée de la Chambre des députés cesse ; mais le peuple, armé de fusils, de sabres, mêlé aux gardes nationaux, et un certain nombre de députés de la gauche, restent dans la salle (1). — Après quelques instants de tumulte, M. Dupont (de l'Eure) monte au fauteuil. Il est entouré d'un grand nombre de personnes étrangères à la Chambre. M. de Lamartine est toujours à la tribune.

Voix nombreuses. Les noms ! les noms des membres du gouvernement provisoire !

M. de Lamartine s'efforce de dominer le bruit, que ses exhortations ne parviennent pas à calmer.

Quelques voix. Dupont (de l'Eure)! Dupont (de l'Eure) !

(1) Non seulement la séance de la Chambre des députés est close, mais la Chambre des députés elle-même n'existe plus. Le président, qui vient de s'enfuir, n'a-t-il pas montré une grande intelligence de la situation, en rappelant à l'ordre, un peu auparavant, M. de Larochejaquelein, qui avait dit à ses collègues : *Aujourd'hui, vous n'êtes rien ici; vous n'êtes plus rien.* Le *Courrier français,* considérant ce qui se passe ici aujourd'hui, dira demain : « Le peuple a déclaré qu'il n'y avait plus de Chambre des députés. Cette Chambre est morte comme elle avait vécu, haïe et méprisée. Comme elle ne représentait rien, on ne s'est pas ému le moins du monde de ce qui vient de l'atteindre et de l'anéantir. »

D'autres voix. Il est au fauteuil, silence ! écoutez-le ! (Oui ! oui !)

M. DE LAMARTINE, *au milieu du bruit.* Je vais lire les noms...

Voix nombreuses. Silence ! silence !

M. DE LAMARTINE. Messieurs, je vais lire les noms. (Le bruit continue.) MM. Arago, Carnot... (Le tumulte va toujours croissant.)

M. M... Messieurs, M. Dupont (de l'Eure) nous préside...

Voix nombreuses. Le gouvernement provisoire !

M. S... M. Dupont (de l'Eure) va nommer le gouvernement provisoire. (De longs bravos éclatent sur tous les bancs.)

M. CHEVALLIER. Si vous voulez faire quelque chose, laissez donc parler !

M. MARION, *député, à M. de Lamartine.* Ne quittez pas la tribune !

Une voix. Ecoutez donc la proclamation des noms !

Un homme armé d'un fusil. Nous ne demandons qu'un instant de silence ; nous voulons seulement entendre les noms des personnes qui composeront le gouvernement.

Une autre personne. Du silence dépend le salut de tous. Je le réclame, pour qu'on puisse entendre M. Dupont (de l'Eure).

Une voix. M. Dupont (de l'Eure) avant tout !

Une autre voix. Vive la République !

(Beaucoup de personnes pressent et entourent M. de Lamartine et l'engagent à attendre le rétablissement du silence pour parler.)

M. DE LAMARTINE. Un moment de silence, Messieurs. (Le silence se rétablit un instant.)

Messieurs, la proposition qui a été faite, que je suis venu soutenir et que vous avez consacrée par vos acclamations à cette tribune, elle est accomplie. Un gouvernement provisoire va être proclamé nominativement. (Bravo ! bravo ! vive Lamartine !)

Maintenant, Messieurs...

Voix nombreuses. Nommez-les ! Nommez !

M. DE LAMARTINE. On va les nommer.

(M. de Lamartine, après avoir attendu quelques instants que le calme se rétablisse, se retire sur le derrière de la tribune.)

(M. Dumoulin monte à la tribune et cherche à se faire entendre, mais le bruit continuel empêche de saisir ses paroles.)

M. DUMOUTIER, *debout sur le bureau des secrétaires de la Chambre.* Messieurs, on vous demande un peu de silence pour proclamer les noms du gouvernement provisoire ; si vous ne faites silence, vous n'entendrez rien et nous n'aboutirons à rien. (Oui! Silence !)

M. Dupont (de l'Eure). On vous propose de former le gouvernement provisoire. (Oui! oui! Silence!)

Les sténographes. Silence! On répétera les noms!

M. Dupont (de l'Eure). Voici les noms! (Silence!)

Voix nombreuses. Nommez! nommez!

M. Dupont (de l'Eure). Arago, Lamartine, Dupont (de l'Eure), Crémieux... (Bruit et agitation.)

M. de Lamartine. Silence, messieurs! Si vous voulez que les membres du gouvernement provisoire acceptent la mission que vous leur avez confiée, il faut au moins que la proclamation en soit faite. Notre honorable ami ne peut se faire entendre au milieu de ce bruit.

Une voix. Il faut qu'on sache que le peuple ne veut pas de royauté. La République!

Plusieurs voix. Délibérons immédiatement.

Une voix. Assis, assis, allons nous asseoir; prenons la place des vendus.

Une autre voix. Plus de Bourbons! Un gouvernement provisoire et ensuite la République!

M. de Larochejacquelein. Ils ne l'auront pas volé; c'est un prêté rendu.

Une voix. Un moment de silence, sinon nous n'aboutirons à rien.

Une autre voix. Nous demandons qu'on proclame la République.

M. Dupont (de l'Eure) lit successivement les noms suivants, qui sont répétés à haute voix par plusieurs sténographes : M. de Lamartine. (Oui! oui!) M. Ledru-Rollin. (Oui! oui!) M. Arago. (Oui! oui!) M. Dupont (de l'Eure) (Oui! oui!)

Une voix. M. Bureau de Pusy.

(M. Bureau de Pusy fait un geste de refus.)

M. Dupont (de l'Eure). M. Marie. (Oui! oui! Non!)

Quelques voix. Georges Lafayette (Oui! non! Non!)

Voix nombreuses. La République! la République!

Une voix. Il faut que les membres du gouvernement provisoire crient : *Vive la République!* avant d'être nommés et acceptés.

Une autre voix. Je demande la destitution de tous les députés absents.

Une voix dans le peuple. Il faut conduire le gouvernement provisoire à l'Hôtel-de-Ville. Nous voulons un gouvernement sage, modéré, pas de sang, mais nous voulons la République!

M. BOCAGE. A l'Hôtel-de-Ville, Lamartine en tête! (M. de Lamartine sort de la Chambre, accompagné d'un grand nombre de citoyens. Après son départ, le tumulte continue dans la portion de la foule qui reste disséminée sur les bancs de la Chambre, dans l'hémicycle et dans les corloirs).

M. LEDRU-ROLLIN. Citoyens, vous comprenez que vous faites ici un acte grave en nommant un gouvernement provisoire.

Voix diverses. Nous n'en voulons pas. — Si, si, il en faut un.

M. LEDRU-ROLLIN. Dans les circonstances comme celles où nous sommes, ce que les citoyens doivent faire, c'est d'accorder silence et de prêter attention aux hommes qui veulent se constituer en représentants. En conséquence, écoutez-moi!

Nous allons faire quelque chose de grave. Il y a eu des réclamations tout à l'heure. Un gouvernement provisoire ne peut pas se nommer d'une façon légère. Voulez-vous me permettre de vous lire les noms qui semblent proclamés par la majorité. (Silence! écoutez! écoutez!)

A mesure que je lirai les noms, suivant qu'ils vous conviendront ou qu'ils ne vous conviendront pas, vous crierez *oui* ou *non* (Très-bien! — Ecoutez); et pour faire quelque chose d'officiel, je prie MM. les sténographes du *Moniteur* de prendre note des noms à mesure que je les prononcerai, parce que nous ne pouvons pas présenter à la France des noms qui n'auraient pas été approuvés par vous. (Parlez! parlez.)

Je lis : DUPONT (de l'Eure) (Oui! oui!) — ARAGO (Oui! oui!) — LAMARTINE (Oui! oui!) — GARNIER-PAGÈS (Oui! oui!) — MARIE (Oui! oui! Non!) CRÉMIEUX (Oui! oui!)

Une voix dans la foule. Crémieux! mais pas Garnier-Pagès. (Si! si! — Non!) Il est mort, le bon.

D'autres voix. Taisez-vous! — A l'ordre!

M. LEDRU-ROLLIN. Que ceux qui ne veulent pas lèvent la main. (Non! non! — Si! si!) — Je demande à ajouter un mot. Permettez, Messieurs. Le gouvernement provisoire, qui vient d'être nommé, a de grands, d'immenses devoirs à remplir. On va être obligé de lever la séance pour se rendre au sein du gouvernement et prendre toutes les mesures nécessaires pour que l'effusion du sang cesse, afin que les droits du peuple soient consacrés.

Cris nombreux. (Oui! oui! à l'Hôtel-de-Ville!)

Un élève de l'Ecole polytechnique. Vous voyez qu'aucun des membres de votre gouvernement ne veut la République ! Nous serons trompés comme en 1830.

Plusieurs voix. Vive la République !

Autres voix. Vive la République et M. Ledru-Rollin ! A l'Hôtel-de-Ville ! à l'Hôtel-de-Ville !)

Un jeune homme. Ce n'est pas à l'Hôtel-de-Ville qu'est le centre du gouvernement, c'est ici.

M. Ledru-Rollin se retire suivi de plusieurs citoyens. La foule qui avait envahi la salle commence à diminuer. — Un jeune homme, qui paraît être un étudiant, s'efforce, sans y pouvoir parvenir, de se faire entendre à la tribune. — Un citoyen monte sur le marbre de la tribune en brandissant une arme. On crie : Vive la République ! Partons pour l'Hôtel-de-Ville.

Un jeune homme à la tribune. Plus de liste civile !

Un autre. Plus de royauté !

Quelqu'un appelle tout-à-coup l'attention sur le grand tableau placé au-dessus du bureau et derrière le fauteuil de la présidence, qui représente la Prestation du serment de Louis-Philippe à la Charte, et les cris : *Il faut le déchirer ! il faut le détruire !* se font immmédiatement entendre.

Des hommes qui sont montés sur le bureau se disposent à donner des coups de sabre et d'épée dans le tableau.

Un ouvrier, armé d'un fusil double, qui se trouve dans l'hémicycle, s'écrie : *Attendez ! je vais tirer sur Louis-Philippe !* Au même instant deux coups de feu éclatent. (Cris divers.)

Un autre ouvrier s'élance immédiatement à la tribune, et prononce ces mots : « Respect aux monuments ! respect aux propriétés ! Pourquoi détruire ? Pourquoi tirer des coups fusil sur ces tableaux ? Nous avons montré qu'il ne faut pas malmener le peuple, montrons maintenant que le peuple sait respecter les monuments et honorer sa victoire ! »

Ces paroles, prononcées avec énergie et une véritable éloquence, sont couvertes d'applaudissements. — On s'empresse autour du brave ouvrier, et on lui demande son nom. Il déclare se nommer Théodore Six, ouvrier tapissier.

Tout le monde se retire. La salle est bientôt complètement évacuée. Il est quatre heures passées. (1)

(1) Ici finit le compte-rendu de la séance de la Chambre des députés, extrait du *Moniteur.*

Dirons-nous quelque chose de la Chambre des pairs?

M. de Boissy lutte contre ses collègues, à l'occasion de ce que, dans le procès-verbal de la séance d'hier, on a supprimé une partie de sa proposition. « C'est là, dit-il, une violation du droit de la tribune. »

M. de Tascher dit que la Chambre a très-bien fait, hier, d'empêcher la lecture de la proposition de M. de Boissy. M. Barthe examine si M. de Boissy est fondé à se plaindre que la liberté de la tribune ait été violée en sa personne. Suivant lui, M. de Boissy a usé de cette liberté plus que qui que ce soit, et même on a quelquefois toléré de sa part les plus grands écarts. (Approbation.)

M. DE BOISSY. Je venais me plaindre, et me voici accusé...

Je veux la liberté de la tribune ; car c'est avec elle que nous pouvons servir le pays dans toutes les circonstances, et particulièrement aujourd'hui. Oui, si hier vous m'aviez laissé la liberté de parler, peut-être eussiez-vous fait une chose utile au pays...

M. RENOUARD. Vous ne pouvez pas recommencer ainsi ce que l'on ne vous a pas permis de dire hier.

M. DE BOISSY. Pourquoi donc ? Les circonstances ne sont-elles pas changées ? Très-volontiers je me fusse tenu à l'écart; mais la Chambre des pairs aurait pu donner signe de vie... Si la Chambre m'avait permis de dire quelques mots, cela lui aurait fourni l'occasion de faire quelque chose d'utile...

M. de Tascher dit que M. de Boissy n'a rien à demander, et M. le chancelier qu'il n'y a rien à mettre à l'ordre du jour. La séance reste suspendue, dans l'attente de quelque communication de la part du gouvernement. — Pendant ce temps-là, c'est-à-dire vers trois heures, on répand le bruit que Mme la duchesse d'Orléans doit venir au Luxembourg avec son fils, et on fait des préparatifs pour la recevoir ; mais c'est en vain, ils ne paraîtront pas. — Plus tard, M. le chancelier annonce qu'il a envoyé trois pairs auprès de M. le président de la Chambre des députés. « Cette mission, dit-il, a été remplie; mais, d'après le compte détaillé qui nous a été rendu par nos collègues, il est évident que la Chambre des députés n'était plus en séance quand ils y sont arrivés. En conséquence, il lève la séance. Il ajoute : « La Chambre sera informée quand une nouvelle réunion pourra avoir lieu. »

La révolution de Juillet avait blessé la Chambre des pairs; la révolution de février l'a tuée.

M. de Boissy aurait pu dire : Hier, la Chambre n'a pas voulu donner signe de vie; elle n'en donnera plus jamais. Citoyen président, faites venir le citoyen Gannal.

Au sortir de l'ex-Chambre des députés, les membres du gouvernement provisoire se sont rendus immédiatement à l'Hôtel-de-Ville, sous la conduite d'une escorte de la garde nationale et d'hommes du peuple (1).

« Vers cinq heures, dit le *National*, pendant que, retirés dans la salle des délibérations, les membres du gouvernement provisoire délibéraient sur les premières mesures à prendre, un peuple immense, admirable d'énergie, de courage, d'enthousiasme, remplit tout l'Hôtel-de-Ville, et frémit aux portes. Il n'est pas d'expression humaine qui puisse rendre l'aspect de tous ces intrépides combattants, couverts d'habits que vient de déchirer le combat, encore noirs de poudre, agitant ceux-ci un fusil, ceux-là une hache ou une épée. Leur attitude est héroïque, leur impatience formidable. Un seul cri sort de toutes les bouches : *La République ! Nous voulons la République !* — Tout-à-coup les portes de la salle du conseil sont violemment ébranlées. Le peuple demande à grands cris

(1) Lorsque le cortége est arrivé devant la caserne d'Orsay, un dragon est venu offrir un verre de vin à M. de Lamartine. M. de Lamartine, portant le verre à ses lèvres, s'est écrié : «*Messieurs, c'est le banquet !*» Ce mot si heureux a été couvert de bravos.

Et le banquet, c'est la chute du gouvernement de Louis-Philippe et la proclamation de la République !

Dans le principe, le gouvernement de Louis-Philippe n'attachait pas d'importance aux banquets; il y en attacha dans la suite, et c'était *trop tard*. Il voulut s'opposer à celui du 12e arrondissement d'une manière qui n'était rien moins qu'un défi, une provocation. Il avait manqué d'habileté en ne les empêchant pas dès le commencement, il en manquait encore lorsqu'il se ravisa.

Un jour, Napoléon prit de l'humeur au sujet des œillets rouges que des jeunes gens portaient à la boutonnière. Il y voyait une dérision de sa Légion-d'Honneur, et peut-être le signe de ralliement de quelque conspiration. Il recommanda au duc d'Otrante, ministre de la police, de faire disparaître les œillets rouges. Le ministre ne s'émeut pas, et laissa en paix les porteurs d'œillets. Quelque temps après on n'en vit plus un seul. Napoléon demanda au duc d'Otrante comment il avait fait. « Sire, lui répondit-il, j'ai laissé passer la saison des œillets. »

Il est très-probable qu'il en aurait été de même des banquets, si on les eût laissé continuer.

communication du premier acte adopté par le gouvernement provisoire. Alors, accompagné, entouré de plusieurs élèves de l'école Polytechnique, héros de l'ordre comme ils l'avaient-été du combat, M. Louis Blanc, au milieu d'une foule innombrable, se dirige vers la place de Grève, et, du haut des marches de l'Hôtel-de-Ville, il annonce que le gouvernement provisoire veut la République. A ce mot, des applaudissements, dont rien ne peut rendre l'énergie, éclatent de toutes parts. »

La République est proclamée.

Mais ne voilà-t-il pas que, d'un autre côté, M. Odilon-Barrot, et quelques autres ci-devant députés, se sont réunis au ministère de l'intérieur pour s'y constituer aussi, eux! en gouvernement provisoire. Ils y seront, nous ne savons, combien d'heures, et ils n'y proclameront rien du tout.

Depuis plusieurs heures, les hostilités ont cessé sur tous les points.

L'armée, la garde nationale et le peuple fraternisent.

Dans les ambulances établies sur le lieu même du combat, les blessés des deux partis reçoivent en même temps les soins les plus empressés.

Le peuple occupe tout, les rues, les places, les palais, et à aucun autre moment, sans nul doute, il n'y eut dans Paris une plus grande sécurité.

Des misérables ont cependant commis quelques vols; mais le peuple en a promptement et sévèrement fait justice : il les a fusillés. A côté de leurs cadavres, on a mis des écriteaux où on lit : *C'est ainsi que le peuple traite les voleurs.*—Des hommes du peuple portent au bout de leurs armes d'autres écriteaux où sont écrits ces mots : *Mort aux voleurs.* — Partout on affiche des placards portant ces autres mots : *Respect à la propriété.*

Nous avons rencontré, dans la rue du Petit-Lion-Saint-Sulpice, une douzaine de citoyens en blouse, parmi lesquels étaient trois ou quatre gardes nationaux; ils emmenaient de force un individu qui, sans doute, s'était rendu coupable de vol. Plusieurs disaient : *A bas les voleurs! à bas les voleurs!* — Un autre a ajouté : *Les petits comme les grands!* — *Oui! oui! les petits comme les grands!* se sont écrié en riant les autres.

Le peuple a brisé, brûlé des meubles, du linge, des draperies, etc., c'est vrai; mais sa colère s'est tournée exclusivement contre les objets qui avaient une sorte de signification politique : fauteuils du trône, écussons, voitures, armoiries, etc. Le peuple a pillé , si l'on veut ; mais c'était pour détruire les oripeaux d'une monarchie qui l'avait trompé.

Le peuple garde lui-même sa victoire ; il veille à ce qu'elle ne soit déshonorée par aucune violence, par aucun excès.

La pensée qui le domine est celle-ci : Pour ne pas nous exposer à être trompés encore une fois, conservons nos armes, et ne souffrons pas qu'on détruise les barricades.

Hier soir, une partie de Paris offrait, par ses illuminations , un aspect féerique ; mais ce n'était rien auprès du spectacle qu'il présente ce soir. L'avénement de Louis-Philippe ne fut très-certainement pas célébré avec une aussi pompeuse démonstration populaire que l'est sa chute. Il faut remonter à des dates antérieures à 1830 pour trouver une époque où la joie publique se soit manifestée avec un enthousiasme pareil à celui qui se déploie dans cette soirée providentielle, brillante, resplendissante, magnifique, splendide, merveilleuse, sublime, céleste, où commence , sous la protection visible de Dieu, le règne de la LIBERTÉ, de l'ÉGALITÉ et de la FRATERNITÉ, qui n'est autre que celui de DIEU même. C'est ce que dit la *Revue nationale* du citoyen Buchez (1). Depuis dix-neuf siècles, avertis par JÉSUS-CHRIST, qui est venu briser les chaînes de tous les esclavages , délivrer de toutes les oppressions, nous disons à Dieu : *Que votre règne arrive!* notre prière serait-elle enfin exaucée ? Oui ! si les passions des hommes ne s'y opposent pas dans l'avenir comme elles l'ont fait dans le passé. Autrement, NON !

VI

MÊME JOUR. — DÉTAILS SUR LA PRISE DES TUILERIES.

—

Nous empruntons ces détails du journal la *Réforme* (N° du 27 février), qui s'exprime ainsi qu'il suit :

(1) Le citoyen Buchez a été nommé adjoint au maire de Paris, par un arrêté du gouvernement provisoire, daté du 25 février.

« On a donné, sur la prise des Tuileries, différentes versions ; le fait nous a semblé assez important pour que nous ayons cherché à en connaître les détails. Les voici aussi exacts et aussi circonstanciés que possible.

» La 5e légion, ayant son maire, son lieutenant-colonel, deux chefs de bataillon et plusieurs officiers en tête, marchait sur les Tuileries ; elle était arrivée à la rue de l'Echelle, lorsque des coups de feu se firent entendre sur la place du Palais-Royal : c'était le poste du Château-d'Eau qui recommençait le combat. A l'instant, la légion se précipite au feu ; et, avec elle, les milliers de combattants qui la suivaient.

» Dans ce moment, le maréchal Gérard paraît avec une branche de verdure à la main, engageant les combattants à cesser le feu. Le poste du Château-d'Eau refusa, et le combat continua. Le maréchal revint au coin de la rue Saint-Honoré ; parut alors un officier du château portant en main un papier, c'était l'abdication de Louis-Philippe. La pièce fut prise des mains de l'officier par un lieutenant de la 5e légion, le citoyen Aubert-Roche, et remise, pour être conservée, au citoyen Lagrange, de Lyon (1). Le feu continuait. Il était à craindre que les troupes renfermées aux Tuileries ne vinssent prendre les combattants par le flanc. Une reconnaissance avait été faite. Il y avait dans l'intérieur des grilles près de 3,000 hommes d'infanterie, six pièces de canons en batterie et deux escadrons de dragons, sans compter les gardiens armés et quelques gardes municipaux.

» Cette force, protégée par la grille et l'artillerie, si elle était attaquée, pouvait, sur cette large place, donner lieu à une sanglante bataille ; tout était à craindre. Un silence profond régnait ; il n'était interrompu que par la fusillade de la place du Palais-Royal et

(1) Nous trouvons, dans la *Réforme* du 10 avril, parmi ses *nouvelles diverses*, celle que voici :

« On lit dans un journal du soir : « Une pièce très-curieuse, c'est le texte » même de l'acte de *l'abdication du roi Louis-Philippe*, signé aux Tuileries, » le 24 février. Nous donnons cette copie d'après l'original même, sur lequel » nous l'avons transcrite textuellement :

Acte autographe d'abdication du roi Louis-Philippe.

J'abdique cette couronne, que la voix nationale m'avait appelé (*sic*) à porter, en faveur de mon petit-fils le comte de Paris.

quelques coups de fusil qui s'adressaient déjà aux troupes renfermées dans le château.

» On venait d'apprendre que les 1re, 2e, 3e, 4e, 6e et 10e légions cernaient les Tuileries, que les autres étaient en marche. Le combat était imminent. Ce fut alors que le lieutenant Aubert-Roche, s'avançant vers la grille, près de la rue de Rivoli, fit demander le commandant des Tuileries. Celui-ci arriva tout effrayé. « Vous êtes » perdus ! lui crie le lieutenant; vous êtes cernés, et le combat va » s'engager, si vous n'évacuez les Tuileries et ne les livrez à la garde nationale. »

» Le commandant, comprenant la position, fit ranger les troupes en ligne, contre le château, sans les faire sortir. Avant, elles étaient échelonnées. Voyant que le mouvement de retraite ne s'opérait pas, le citoyen Aubert-Roche, accompagné du citoyen Lesueur, chef de bataillon du canton de Gagny-Rincy, qui s'était joint à la 3e légion, court à la grille de la rue de Rivoli. Ces deux officiers frappent, s'annoncent en parlementaires; la grille s'ouvre, et tous deux, seuls, le sabre à la main, entrent au milieu de la cour, garnie de soldats; le commandant des Tuileries s'avance en disant qu'il a fait retirer les troupes. — Ce n'est pas cela, réplique le lieutenant, il faut évacuer le château, sinon il va arriver malheur. — Le commandant des Tuileries conduit alors les deux officiers devant le pavillon de l'Horloge, où se trouvaient plusieurs généraux et le duc de Nemours, tous la figure consternée. — Monseigneur, dit le commandant des Tuileries, voici un excellent citoyen qui vous donnera les moyens d'éviter l'effusion du sang. — Que faut-il faire ? répond le duc de Nemours d'une voix tremblante et

Puisse-t-il réussir dans la grande tâche qui lui échoit aujourd'hui.

LOUIS-PHILIPPE.

24 février 1848.

« Cette pièce importante a été arrachée aux Tuileries des mains du général qui allait la présenter au peuple, par le citoyen Charles Lagrange, de Lyon, qui a crié en s'en emparant : *Pas de régence! Plus de roi! Vive la République!* Elle est écrite sur un carré de papier irrégulier, et elle avait été pliée en quatre avant d'avoir été complètement séchée ; elle est maculée de *duplicata* en quelques endroits. »

Ces remarques, sur *cette pièce importante*, sont sans doute de *la Réforme*; nous en jugeons ainsi parce qu'elle ne les a pas guillemetées.

en s'adressant au lieutenant qui lui était présenté. — Monsieur, il faut évacuer à l'instant même le château, le livrer à la garde nationale, sinon vous êtes perdu. Le combat sera sanglant, les Tuileries sont cernées ; la 5e légion, dont je fais partie, se bat en ce moment au Palais-Royal, elle a son maire et ses officiers supérieurs en tête. Prenez garde que le combat cesse avant que ces troupes ne soient parties, sinon la bataille s'engagerait ici même malgré nous. — Vous pensez ? répondit le duc ; je vais faire retirer les troupes. —Et à l'instant, en présence des deux officiers de la garde nationale, il donne l'ordre de retraite.

L'artillerie file par la grille du Palais-Royal, l'état-major et le duc de Nemours par le pavillon de l'Horloge, faisant descendre les escaliers à leurs chevaux ; la cavalerie les suit, puis l'infanterie ; on oublia même de relever les postes, qui restèrent. Le citoyen Aubert-Roche se chargea d'introduire la garde nationale dans le château ; il alla prévenir les gardes nationaux qui se trouvaient alors près de l'état-major.

« Ceux-ci mirent la crosse de leurs fusils en l'air, et entrèrent dans la cour des Tuileries par la grille de la rue de Rivoli, accompagnés de curieux, tous fort étonnés de se trouver les maîtres du château. Un quart-d'heure après, le combat cessait sur la place du Palais-Royal : les combattants se précipitèrent pour attaquer les Tuileries ; mais ils trouvèrent les grilles ouvertes.

» Ainsi fut prise, ou plutôt rendue, cette redoutable forteresse. Un garde national fait une sommation au nom du peuple armé ; et la royauté évacue la place. »

VII

MÊME JOUR. — PRINCIPAUX ACTES OFFICIELS DU GOUVERNEMENT PROVISOIRE.

Pendant que dans la salle de l'ex-Chambre des députés on nommait un Gouvernement provisoire, ailleurs, c'est-à-dire à l'Hôtel-de-Ville, dans les bureaux du *National* et à la préfecture de police, on en constituait d'autres. Ces quatre gouvernements provisoires se sont heurtés à l'Hôtel-de-Ville. Enfin, après beaucoup de raisons, de cris, de menaces et de fluctuations, les membres élus à l'ex-Chambre des députés ont été de nouveau proclamés, et on leur a adjoint quatre secrétaires.

Nous allons rapporter les principaux actes officiels émanés du Gouvernement provisoire définitivement organisé. Le premier, qui est une *Proclamation au peuple français*, est conçu dans les termes suivants :

«Un Gouvernement rétrograde et oligarchique vient d'être renversé par l'héroïsme du peuple de Paris. Ce Gouvernement s'est enfui en laissant derrière lui une trace de sang qui lui défend de revenir jamais sur ses pas.

» Le sang du peuple a coulé comme en juillet ; mais cette fois ce généreux sang (1) ne sera pas trompé. Il a conquis un gouvernement national et populaire en rapport avec les droits, les progrès et la volonté de ce grand et généreux peuple.

» Un Gouvernement provisoire, sorti d'acclamation et d'urgence par la voix du peuple et des députés des départements, dans la séance du 24 février (2), est investi momentanément du soin d'assurer et d'organiser la victoire nationale. Il est composé de : *MM. Dupont* (de l'Eure), *Lamartine, Crémieux, Arago* (de l'Institut), *Ledru-Rollin, Garnier-Pagès, Marie.*

» Ce Gouvernement a pour secrétaires (3) : MM. *Armand Marrast, Louis Blanc, Ferdinand Flocon,* et *Albert,* ouvrier.

» Ces citoyens n'ont pas hésité un instant à accepter la mission patriotique qui leur était imposée par l'urgence. Quand la capitale de la France est en feu, le mandat du Gouvernement provisoire est dans le salut public. La France entière le comprendra et lui prêtera le concours de son patriotisme. Sous le gouvernement populaire que proclame le Gouvernement provisoire, tout citoyen est magistrat.

» Français, donnez au monde l'exemple que Paris a donné à la France ; préparez-vous, par l'ordre et la confiance en vous-mê-

_____

(1) Au lieu de ces mots : *Ce généreux sang,* on lit ceux-ci : *Ce peuple généreux,* dans la même pièce insérée au *Bulletin des lois.*

(2) M. de La Rochejacquelein avait dit aux députés des départements : *Vous n'êtes plus rien.* Et le *Moniteur,* annonçant la retraite du président de la Chambre, avait ajouté : *Ici, l'assemblée de la Chambre des députés cesse.* Voyez ci-dessus, pages 58 et 65.

(3) Ces mots : *Ce Gouvernement a pour secrétaires : MM.,* ne se retrouvent pas dans la même pièce insérée au *Bulletin des lois.*

4

mes, aux institutions fortes que vous allez être appelés à vous donner.

» Le Gouvernement provisoire veut la *République*, sauf ratification par le peuple, qui sera immédiatement consulté.

» L'unité de la nation, formée désormais de toutes les classes de citoyens qui la composent; le gouvernement de la nation par elle-même; la liberté, l'égalité et la fraternité pour principes (1); le peuple pour devise et mot d'ordre; voilà le gouvernement démocratique que la France se doit à elle-même et que nos efforts sauront lui assurer. »

Cette proclamation porte les signatures suivantes : DUPONT (DE L'EURE), LAMARTINE, CRÉMIEUX, LEDRU-ROLLIN, GARNIER-PAGÈS, MARIE, ARAGO, *membres du Gouvernement provisoire.*

ARMAND MARRAST, LOUIS BLANC, *secrétaires* (2).

Par une autre proclamation adressée à la garde nationale, le Gouvernement provisoire félicite les soldats citoyens, et déclare que « tous les citoyens font partie de la garde nationale. » Elle est signée ainsi : « *Les membres du Gouvernement provisoire* : DUPONT (DE L'EURE), F. ARAGO, MARIE, LAMARTINE, CRÉMIEUX, LEDRU-ROLLIN, GARNIER-PAGÈS. » Et hors ligne : « LOUIS BLANC, ARM. MARRAST, FLOCON, ALBERT, *secrétaires.* »

Un Arrêté qui nomme *M. Dupont* (de l'Eure) président provisoire

(1) Ces trois principes sont évangéliques; ils étaient appelés et pratiqués ar l' glise catholique avant de passer dans la politique. Et ces trois principes, l'Eglise les confond admirablement dans un seul principe, qu'elle exprime par un seul mot : *Charité.* Cela vient de ce qu'elle est *une et simple* de sa nature, et, pour qui voit juste, ce caractère seul suffit à prouver sa divinité, et à faire comprendre qu'il ne faut pas chercher ailleurs le vrai système social. Il est évident que les hommes ne pourraient en imaginer un qui fût aussi bien en rapport avec les droits de tous et de chacun.

(2) Dans le *Bulletin des lois*, qui fut imprimé plus tard, tout cela est autrement arrangé. Après la proclamation, on lit : *Les membres du Gouvernement provisoire*, signé DUPONT (DE L'EURE), LAMARTINE, CRÉMIEUX, LEDRU-ROLLIN, GARNIER-PAGÈS, MARIE, ARAGO.

Puis, après une ligne de blanc, à la ligne et en retraite, sans que la qualification de *secrétaires* leur soit donnée : ARMAND MARRAST, LOUIS BLANC, FERDINAND FLOCON, ALBERT (ouvrier).

Pour la première fois, et sans que nous en sachions la raison, nous trouvons, le 27 février, au bas des actes officiels du Gouvernement provisoire, les noms des citoyens *Secrétaires* confondus avec ceux des citoyens *Membres du Gouvernement provisoire.*

du conseil, sans portefeuille ; *M. de Lamartine*, ministre provisoire aux affaires étrangères ; *M. Crémieux*, à la justice ; *M. Ledru-Rollin*, à l'intérieur ; *M. Michel Goudchaux*, aux finances (1); *M. François Arago*, à la marine (2) ; *M. le général Bedeau*, à la guerre ; *M. Carnot*, à l'instruction publique (et aux cultes); *M. Bethmont*, au commerce ; *M. Marie*, aux travaux publics.

Par le même Arrêté, M. le général *Cavaignac* est nommé gouverneur-général de l'Algérie ; *M. Garnier-Pagès*, maire de Paris (3); *MM. Guinard* et *Recurt*, adjoints au maire de Paris (4). Le même Arrêté dissout la garde municipale de Paris, et place la préfecture de police sous la dépendance du maire de Paris.

Il est signé des seuls *Membres du Gouvernement provisoire*; c'est-à-dire, qu'il ne l'est par aucun des *Secrétaires*.

Un autre Arrêté ainsi conçu : « Le gouvernement provisoire arrête : La Chambre des députés est dissoute . — Il est interdit à la Chambre des pairs de se réunir. — Une assemblée nationale sera convoquée aussitôt que le Gouvernement provisoire aura réglé les mesures d'ordre et de police nécessaires pour le vote de tous les citoyens. » Il porte les signatures de LAMARTINE et de LEDRU-ROLLIN, et celle de LOUIS BLANC, *secrétaire*.

Un autre Arrêté : Le Gouvernement provisoire arrête : Il est interdit aux membres de l'ex-Chambre des pairs de se réunir. » Cette pièce est signée : DUPONT (de l'Eure), LAMARTINE, LEDRU-ROLLIN, AD. CRÉMIEUX, MARIE, ARAGO.

(1) Il a donné sa démission et a été remplacé par M. Garnier-Pagès.

(2) Il quitta ce département et vint à celui de la guerre, en remplacement du général Subervic, qui, lui-même, avait remplacé le général Bedeau.

(3) Passant au ministère des finances, il a été remplacé par M. Armand Marrast.

(4) M. Guinard, appelé à d'autres fonctions, a été remplacé par M. Buchez, dès le lendemain. M. Buchez est le fondateur de la *Revue nationale*.

VIII

En même temps que le Gouvernement provisoire s'organisait définitivement à l'Hôtel-de-Ville, M. l'archevêque de Paris faisait imprimer la *Lettre pastorale* dont voici le texte :

« Monsieur le curé, en présence du grand événement dont la capitale vient d'être le théâtre, notre premier mouvement a été de pleurer sur le sort des victimes que la mort a frappées d'une manière si imprévue ; nous les pleurons, parce que nous avons appris, une fois de plus, tout ce qu'il y a dans le cœur du peuple de Paris, de désintéressement, de respect pour la propriété et de sentiments religieux.

» Nous ne devons pas nous borner à répandre des larmes : nous prierons pour tous ceux qui ont succombé dans la lutte ; nous demanderons à Dieu qu'il leur ouvre le lieu de raffraîchissement, de lumière et de paix.

» En conséquence, vous voudrez bien faire célébrer, le plus tôt possible, un service solennel, auquel vous donnerez toute la pompe que permettront les ressources de la fabrique.

La messe sera celle *In die obitús*, avec l'oraison *Pro pluribus defunctis*. Ce service aura lieu aussitôt que vous aurez pu en prévenir les fidèles, fût-ce même un dimanche. Pendant la messe, une quête sera faite pour le soulagement des familles pauvres de ceux qui sont morts ou qui ont été blessés. Le produit de cette quête sera versé, par MM. les curés, entre les mains du maire de leur arrondissement.

» La présente lettre sera affichée partout où besoin sera.

» Recevez, etc.   DENIS, archevêque de Paris.

NOTA. « Dans le cas où il serait nécessaire ou utile d'établir des ambulances dans vos églises, vous n'hésiteriez pas à les offrir, alors même que l'office du dimanche devrait être supprimé. Si cet office peut avoir lieu, vous chanterez, après la messe de paroisse, le verset : *Domine, salvam fac Francorum gentem...* et l'oraison : *Deus à quo sancta desideria, recta et consilia*, etc. »

IX

ANECDOTES.

Les journaux ont cité une foule d'anecdotes : nous en rapporterons quelques-unes.

— Le 23 février, une des barricades élevées dans le quartier Saint-Denis, celle de la rue Mauconseil, était attaquée par un détachement de garde municipale. De temps en temps, un jeune homme paraissait au-dessus de la barricade, se découvrait en entier, ajustait avec sang-froid, et à chaque coup il abattait un soldat. Ce détachement tirait sur lui, mais pas une balle ne l'atteignait. Cette manœuvre se renouvela dix fois. L'officier qui commandait le détachement dit enfin à ses soldats : Ne tirez plus sur lui. Lorsque le jeune homme se fut aperçu de la détermination des gardes municipaux, il se retira sans avoir abaissé son fusil, et ne reparut plus.

— Voici un trait d'héroïsme qui est d'une simplicité antique. Dans la glorieuse matinée du 24, au moment où un bataillon de la ligne s'apprêtait à charger les défenseurs d'une barricade de la rue Saint-Honoré, un jeune homme s'élance, tenant un drapeau tricolore à la main : debout sur la barricade, il roule le drapeau autour de son corps, et s'adressant à la troupe : « Oserez-vous maintenant faire feu ? » Les soldats, saisis d'admiration, s'arrêtent, tirent leurs fusils en l'air et les livrent aux citoyens.

— Vers une heure, j'étais chez un citoyen de ma connaissance, rue des Fossés-Saint-Germain-l'Auxerrois. Il y eut une alerte. Les citoyens qui gardaient les barricades élevées au bout de cette rue et dans celle de l'Arbre-Sec, n'ayant pas d'armes, allèrent frapper à toutes les portes. Plusieurs se présentèrent dans la boutique où je me trouvais, et qui était ouverte. « Je n'ai pas d'armes à feu, leur répondit le maître ; il ne me reste que deux épées que voilà : si vous me les prenez, je n'aurai plus rien pour me défendre. — « C'est juste », lui répliquèrent-ils ; et ils les lui laissèrent.

— A la prise des Tuileries, un homme du peuple, ayant aperçu un buste de Louis-Philippe, prit sa ceinture, et la mettant sur les yeux du buste : « C'est toi qui es aveugle, » dit-il.

— On a cité différemment un trait qui s'est passé aux Tuileries, à l'occasion du crucifix qui était sur l'autel de la chapelle. Je vais le rapporter tel qu'il m'a été raconté par M. Henri Delaage, qui eut la principale part à ce fait. M. Delaage est membre de la société de St-Vincent de Paul, et l'un des rédacteurs du *Corsaire*. «La foule, m'a-t-il dit, se pressait de toutes parts dans les Tuileries désertes. Je marchais devant un groupe composé d'hommes du peuple, de gardes nationaux, d'étudiants et d'une femme; arrivé à la cha_ pelle, je me retourne et m'écrie : « Respect à ce qui est sacré ! » Je prends le crucifix; alors un ouvrier s'écrie: *Voilà le grand tribun Jésus !* — Un autre : *C'est notre maître à tous !* — *C'est aussi,* m'écriai-je, *notre meilleur ami !* — D'autres criaient : *C'est le Christ ! Respect au Christ !* — Je remis le crucifix entre les mains d'un élève de l'école Polytechnique. Le groupe se mit respectueusement en marche, le front découvert et traversant la foule, qui criait : *Vive Jésus ! vive le Christ !* Mais moi, je quittai le cortége et allai à la Chambre des députés. » Tel est le récit que m'a fait M. De_ laage, en présence d'une autre personne (1). Les autres versions ajoutent que le cortége porta solennellement le crucifix à l'église Saint-Roch. *Citoyens, chapeau bas ! saluez le Christ,* disait le peuple, et tout le monde s'inclinait dans un sentiment religieux. « Noble peuple, dit à ce sujet la *Démocratie pacifique*, noble peuple, qui respecte tout ce qui est sacré ! Noble peuple, qui bénit celui qui a proclamé la loi de la fraternité universelle ! »

— A trois heures de l'après-midi, M. A. Jardin venait de faire éteindre le feu dans les cuisines des Tuileries, quand un ouvrier lui apporta une grande coupe ovale, en argent massif, qu'il venait de retirer du feu. « Je n'ai pas le temps de garder cela, dit le brave homme en s'en allant; il faut que j'aille autre part, et je le perdrais. » Cette coupe fut alors remise à M. Hoquet, rue du Petit-Lion-Saint-Sauveur, 10, qui se chargea de le remettre à son arrondissement.

— Le citoyen Édouard Labit, employé sans emploi, trouva aux

(1) M. Henri Delaage est le petit-fils de M. Chaptal, qui fut ministre de l'intérieur. C'est ce que m'apprend un ouvrage que ce jeune écrivain vient de faire paraître sous ce titre : *Affranchissement des classes déshéritées*, volume in-18 de 100 et quelques pages. — Paris, Camus, libraire, rue Cassette, 20. Cet ouvrage, dédié au P. Lacordaire, exhale un doux parfum de charité évangélique; c'est l'œuvre d'un bon citoyen. On est heureux de lire de pareils livres.

Tuileries, dans le cabinet de l'ex-roi, une somme de 4,000 fr. en quatre billets de banque, sous enveloppe. Ce digne citoyen s'empressa d'en faire le dépôt à la mairie du 4e arrondissement, dans l'état et sous la forme où les billets avaient été trouvés par lui. Cette somme a été remise à la disposition du Gouvernement provisoire par M. le maire du 4e arrondissement.

— Dans l'après-midi, un garde national posait des factionnaires autour des Tuileries. Un homme se présente à lui et l'invite à venir prendre, à son domicile, de la vaisselle plate et du vermeil d'une valeur d'environ 3,000 fr., provenant du palais. Les exigences du service retinrent le garde national, qui ne put aller chez cet homme que le 26. Mais ce dernier n'avait pas voulu rester si longtemps chargé d'un semblable dépôt, et il avait remis ces divers objets au Trésor, qui lui en avait donné un reçu régulier. Ce brave et honnête ouvrier, qui croit avoir fait une chose toute simple, est serrurier; il se nomme Miné et demeure rue de Rivoli, près la rue de Rohan, dans une petite chambre au 5e étage.

— Quelques misérables avaient trouvé le moyen de pénétrer dans les cuisines et jusque dans la pièce où était déposée l'argenterie du château. Le citoyen Moessard, préposé à la conservation de cette argenterie, qui se composait d'un nombre considérable de pièces de grande valeur, fit un appel à leur loyauté pour la sécurité des objets précieux dont il avait la garde, et en même temps il leur offrit du vin et des comestibles; mais l'appât du trésor, qu'une simple nappe dérobait à leurs yeux, excitait leur avidité, et déjà les plus hardis, soulevant la nappe, dérobaient quelques pièces d'argenterie, lorsque le citoyen Roy, armé d'un fusil, et un invalide habillé en bourgeois, montent sur la table, résolus à défendre, au péril de leur vie, le dépôt confié à la garde du citoyen Moessard. Une femme, Élisabeth Gablot, s'arme également d'une baïonnette, et n'hésite pas à frapper les mains avides qui se glissent furtivement sous la nappe, en criant : *On ne touche pas là !* Toutefois, ces généreux efforts allaient devenir inutiles, lorsque la garde nationale intervint et fit évacuer la salle.

(*Moniteur* du 11 mars.)

— Un fort détachement d'insurgés, dit le *Corsaire*, s'est porté, après le combat, à la porte d'un établissement religieux, pour le protéger et le défendre en cas de besoin. L'un d'eux adressa ces paroles magnifiques aux membres de la communauté : « Messieurs, ne craignez rien; la République vient d'être proclamée, il n'y a plus que des frères en France. » Cette maison était celle des pères jésuites (1).

— Une jeune fille assistait au dernier massacre de quelques gardes municipaux du poste de la place de la Concorde, qui avait tiré sur la 5e légion. Il ne restait plus qu'un de ces malheureux.

« Mademoiselle, s'écrie M. de W...., commandant des pompiers, vous pouvez sauver cet homme. — Que faut-il faire ? je suis prête ! —Jetez-vous dans ses bras et réclamez-le comme votre père. »

La jeune fille se précipita au même instant dans les bras du garde municipal, en pleurant et en s'écriant : « Messieurs, au nom de Dieu, épargnez mon père, ou tuez-moi avec lui! » Les fusils s'abaissèrent, et le garde municipal, protégé par sa libératrice, fut sauvé.

— Sur une des barricades qui avoisinaient la place de l'Hôtel-de-Ville, un des combattants haranguait, le 24 février, ses camarades, et les engageait à attendre patiemment la réalisation des réformes promises par le Gouvernement provisoire aux travailleurs. « Bien ! bien ! s'écria une rude voix d'ouvrier, nous avons encore, s'il le faut, trois mois de misère au service de la République. »

Et après ?

Des communistes ont commenté cette parole d'une manière qui calomnie l'intention de l'homme généreux qui l'a prononcée, et par là ils ont contribué à tuer la confiance, qui ne demandait qu'à renaître.

(1) Quelques jours plus tard, à Lyon, un père capucin, dit un autre journal, se présenta pour quelque affaire à la mairie de la Guillotière. Là, se trouvait un citoyen qui n'avait pas de sympathie pour les ordres religieux. Trouvant ainsi l'occasion de taquiner le moine, il lui dit : « Vous êtes, je crois, un capucin ? — Je suis un citoyen, lui répondit-il. — Oui, mais vous êtes aussi un capucin, convenez-en. — Je suis capucin devant Dieu et citoyen devant vous, — répliqua le religieux.

FIN.

ÉPERNAY. — .-BOUGART.

www.ingramcontent.com/pod-product-compliance
Lightning Source LLC
LaVergne TN
LVHW050559090426
835512LV00008B/1251